1 MONTH OF
FREE
READING

at
www.ForgottenBooks.com

By purchasing this book you are eligible for one month membership to ForgottenBooks.com, giving you unlimited access to our entire collection of over 1,000,000 titles via our web site and mobile apps.

To claim your free month visit:
www.forgottenbooks.com/free1277564

ISBN 978-0-364-83966-9
PIBN 11277564

SANCTISSIMI D. N. DOMINI

CLEMENTIS

DIVINA PROVIDENTIA

PAPÆ XI.

Damnatio quam plurium Propositionum excerptarum ex Libro gallico idiomate impresso, & in plures tomos distributo ; sub titulo ; Le Nouveau Testament en François, avec des Reflexions morales sur chaque verset, &c. à Paris 1699. Ac aliter, Abregé de la Morale de l'Evangile, des Actes des Apôtres, des Epitres de S. Paul, des Epitres Canoniques & de l'Apocalypse, ou Pensées chrétiennes sur le texte de ces Livres sacrez, &c. à Paris 1693. & 1694.

Cum prohibitione ejusdem Libri, & aliorum quorumcumque in ejus defensionem tam hactenus editorum, quàm in posterum edendorum.

CLEMENS
EPISCOPUS.

Servus Servorum Dei.

Universis Christi fidelibus, Salutem & Apostolicam Benedictionem.

UNIGENITUS Dei filius pro nostra, & totius mundi salute Filius hominis factus, dum Discipulos suos do-

CONDAMNATION
FAITE

PAR NOTRE TRES-SAINT

PERE LE PAPE

CLEMENT XI·

de plusieurs Propositions extraites d'un Livre imprimé en françois, & divisé en plusieurs tomes, intitulé, *Le Nouveau Testament en françois, avec des Reflexions Morales sur chaque verset, &c. à Paris 1699.* & autrement, *Abregé de la Morale de l'Evangile, des Epitres de saint Paul, des Epitres Canoniques & de l'Apocalypse, ou Pensées chrêtiennes, sur le texte de ces Livres sacrez, &c. à Paris 1693. & 1694.*

Avec la prohibition tant de ce Livre, que de tous les autres qui ont parû, ou qui pourront paroître à l'avenir pour sa defense.

CLEMENT
EVESQUE

Serviteur des Serviteurs de Dieu.

A tous les Fideles Chrêtiens, Salut & Benediction Apostolique.

LORSQUE LE FILS unique de Dieu, qui s'est fait fils de l'homme pour nôtre salut, & pour celui de tout le

B

...noit [enseignoit à ses] Disciples la doctrine de verité ; & lors qu'il instruisoit l'Eglise universelle dans la personne de ses Apôtres, il donna des preceptes pour former cette Eglise naissante, & prevoiant ce qui devoit l'agiter dans les siecles futurs, il sçut pourvoir à ses besoins par un excellent & salutaire avertissement ; c'est de nous tenir en garde contre les faux Prophetes, qui viennent à nous revêtus de la peau des brebis ; & il designe principalement sous ce nom, ces maîtres de mensonge, ces seducteurs pleins d'artifices, qui ne font éclater dans leurs discours, les apparentes de la plus solide pieté, que pour insinuer imperceptiblement leurs dogmes dangereux, & que pour introduire sous les dehors de la sainteté, des sectes qui conduisent les hommes à leur perte, seduisant avec autant plus de facilité ceux qui ne se défient pas de leurs pernicieuses entreprises, qui comme des loups, qui dépouilleroient leur peau, pour se couvrir de la peau des brebis, ils s'enveloppent, pour ainsi parler, des maximes de la Loi divine, des preceptes des saintes Ecritures, dont ils interpretent malicieusement les expressions, & de celles même du Nouveau Testament, qu'ils ont l'adresse de corrompre en diverses manieres, pour perdre les autres, & pour se perdre eux-mêmes ; Vrais fils de l'ancien pere de mensonge, ils ont appris par son exemple, & par ses enseignemens, qu'il n'est point de voie plus sure, ni plus prompte pour tromper les ames, & pour leur insinuer le venin des erreurs

...trinæ veritatis instrueret, universamque Ecclesiam suam in Apostolis erudiret, præsentia disponens, & futura prospiciens, præclaro ac saluberrimo documento nos admonuit, ut attenderemus à falsis Prophetis, qui veniunt ad nos in vestimentis ovium ; quorum nomine potissimùm demonstrantur magistri illi mendaces, in deceptione illusores, qui splendidâ pietatis specie prava dogmata latenter insinuantes, introducunt sectas perditionis sub imagine sanctitatis, utque facilius incautis obrepant, quasi deponentes lupinam pellem, & sese divinæ Legis sententiis velut quibusdam ovium velleribus obvolventes, sanctarum Scripturarum, adeoque etiam ipsius novi Testamenti verbis, quæ multipliciter in suam, aliorumque perditionem depravant, nequiter abutuntur : antiqui scilicet, à quo progeniti sunt, mendacii parentis exemplo, ac magisterio edocti, nullam omninò esse ad fallendum expeditiorem viam, quàm ut, ubi nefarii erroris subintroducitur fraudulentia, ibi divinorum verborum prætendatur authoritas.

les, plus criminelles, que de couvrir ces erreurs de l'autorité de la parole de Dieu.

His nos verè divinis monitis instructi, ubi primum, non sine intimâ cordis nostri amaritudine ; accepimus, Librum quemdam gallico idiomate olim impressum, & in plures tomos distributum, sub titulo *Le Nouveau Testament en François, avec des Reflexions morales sur chaque verset, &c. à Paris,* 1699. Aliter verò, *Abregé de la Morale de l'Evangile, des Actes des Apôtres, des Epîtres de saint Paul, des Epîtres Canoniques, & de l'Apocalipse, ou Pensées chrétiennes sur le Texte de ces Livres sacrez, &c. A Paris* 1693. & 1694. tametsi alias à Nobis damnatum, ac reverâ Catholicis veritatibus pravarum doctrinarum mendacia multifariàm permiscentem, adhuc tamen tamquam ab omni errore immunem, à pluribus haberi, Christi Fidelium manibus passim obtrudi, ac nonnullorum nova semper tentantium consilio & operâ studiosè nimis quaquaversùm disseminari, etiam latinè redditum, ut perniciosæ institutionis contagium, si fieri possit ; pertranseat de gente in gentem, & de regno ad populum alterum; versutis hujusmodi seductionibus, atque fallaciis creditum Nobis Dominicum gregem in viam perditionis sensim abduci, summo-

Penetrez de ces divines instructions, aussi-tôt que nous eûmes appris dans la profonde amertume de notre cœur, qu'un certain Livre, imprimé autrefois en langue françoise, & divisé en plusieurs tomes sous ce titre, *Le Nouveau Testament en françois, avec des Reflexions morales, &c.... Que ce Livre,* quoi que nous l'eussions déja condamné, parce qu'en effet les verités catholiques y sont confonduës avec plusieurs dogmes faux & dangereux, passoit encore dans l'opinion de beaucoup de personnes pour un livre exemt de toutes sortes d'erreurs : qu'on le mettoit par tout entre les mains des fideles, & qu'il se repandoit de tous côtez par les soins affectez de certains esprits remuants, qui font de continuelles tentatives en faveur des nouveautez : qu'on l'avoit même traduit en latin, afin que la contagion de ses maximes pernicieuses passât, s'il étoit possible, de nation en nation, & de Royaume en Royaume : *Nous fûmes saisis d'une tres-vive douleur de voir le troupeau du Seigneur, qui est commis à nos soins, entrainé dans la voie de perdition par des insinuations si seduisántes & si trompeuses : ainsi donc également excitez par notre sollicitude pastorale, par les plaintes reiterées des personnes qui ont un vrai zele pour la Foi orthodoxe, sur-tout par les* lettres & par les prieres d'un grand nombre de nos Venerables freres les Evêques, & principalement des Evêques de France, Nous avons pris la resolution d'arrêter par quelque remede plus efficace, le cours d'un mal, qui croissoit toûjours, & qui pourroit avec le tems produire les plus funestes effets.

Aprés avoir donné toute notre application à découvrir la cause d'un mal si pressant, & aprés avoir fait sur ce sujet de meures & de serieuses reflexions, Nous avons enfin reconnu tres distinctement, que le progrés dangereux qu'il a fait & qui s'augmente tous les jours, vient principalement, de ce que le venin de ce livre est tres caché, semblable à un abcés, dont la pouriture ne peut sortir qu'aprés qu'on y a fait des incisions. En effet, à la premiere ouverture du livre, le Lecteur se sent agreablement attiré par de certaines apparences de pieté. Le style de cet ouvrage est plus doux & plus coulant que l'huile; mais ses expressions sont comme des traits prêts à partir d'un arc, qui n'est tendu que pour blesser imperceptiblement ceux qui ont le cœur droit. Tant de motifs nous ont donné lieu de croire que nous ne pouvions rien faire de plus à propos, ni de plus salutaire, aprés

perè doluimus : adeòque Pastoralis non minùs curæ nostræ stimulis, quàm frequentibus orthodoxæ Fidei zelatorum querelis, maximè verò complurium Venerabilium Fratrum, præsertim Galliæ Episcoporum, litteris ac precibus excitati, gliscenti morbo, qui etiam aliquandò posset in deteriora quæque proruere, validiori aliquo remedio obviam ire decrevimus.

Et quidem ad ipsam ingruentis mali causam providæ nostræ considerationis intuitum convertentes, perspicuè novimus summam hujusmodi libri perniciem ideò potissimum progredi & invalescere, quòd eadem intùs lateat, & velut improba sanies, nonnisi sectò ulcere foras erumpat; cum liber ipso primo aspectu legentes specie quadam pietatis illiciat, molliti enim sunt sermones ejus super oleum; sed ipsi sunt jacula, & quidem intento arcu ita ad nocendum parata, ut sagittent in obscuro rectos corde. Nihil propterea opportunius aut salubriùs præstari à Nobis posse arbitrati sumus, quàm si fallacem libri doctrinam generatim solummodò à Nobis hactenùs indicatam, pluribus singillatim ex eo excerptis propositionibus, distinctiùs & apertiùs explicaremus, atque universis Christi Fidelibus noxia

zizaniorum femina è medio tri-
tici, quo tegebantur, educta,
velut ob oculos exponeremus.
Ita nimirùm denudatis, & quasi
in propatulo positis, non uno
quidem, aut altero, sed pluri-
mis gravissimisque, tùm pridem
damnatis, tùm novè etiam ad-
inventis erroribus, planè con-
fidimus, benedicente Domino,
foré ut omnes tandem apertæ
jam, manifestæque veritati ce-
dere compellantur.

*à voir jusques à present marqué en
general la doctrine artificieuse de
ce livre, que d'en découvrir les
erreurs en détail; & que de les
mettre plus clairement & plus distinctement devant les yeux de tous
les Fideles, par un extrait de plusieurs propositions contenuës dans
l'ouvrage, où nous leur ferons voir
l'yvraie dangereuse, separée du
bon grain, qui la couvroit. Par ce
moien nous dévoilerons, & nous
mettrons au grand jour, non seule-*

*ment quelques-unes de ces erreurs; mais nous en exposerons un grand
nombre des plus pernicieuses, soit qu'elles aient été déja condamnées, soit
qu'elles aient été inventées depuis peu. Nous esperons que le Ciel benira
nos soins; & que nous ferons si bien connoître, & si bien sentir la verité,
que tout le monde sera forcé de suivre ses lumieres.*

Idipsum maximè è re Catholicâ futurum, & sedandis præsertim in florentissimo Galliæ
Regno exortis ingeniorum variè
opinantium, jamque in acer-
biores scissuras protendentium
dissidiis apprimè proficuum, con-
scientiarum denique tranquilli-
tati perutile, & propemodùm
necessarium, nonmodo præfati
Episcopi, sed & ipse imprimis
carissimus in Christo Filius no-
ster Ludovicus Francorum Rex
Christianissimus, cujus exi-
mium in tuenda Catholicæ Fidei puritate, extirpandisque erroribus zelum satis laudare non
possumus, sæpiùs nobis est con-
testatus; repetitis proptereà verè
piis, & Christianissimo Rege di-
gnis officiis, atque ardentibus
votis à Nobis efflagitans, ut in-

*Ce ne sont pas seulement les Evê-
ques ci-dessus mentionnez, qui nous
ont témoigné que par ce moien
nous ferions une chose tres-utile &
tres-necessaire pour l'interêt de la
Foi catholique, & pour le repos des
consciences; & que nous mettrions
fin aux diverses contestations, qui
se sont élevées principalement en
France, & qui doivent leur origine
à de certains esprits, qui veulent
se distinguer par une doctrine nouvelle, & qui tâchent de faire naî-
tre dans ce Roiaume florissant, des
divisions encore plus dangereuses;
mais même notre tres-cher Fils en
Jesus-Christ, Loüis Roi de France tres-Chrêtien, dont nous ne pouvons assez loüer le zele pour la defense & pour la conservation de la
pureté de la Foi catholique, & pour
l'extirpation des heresies; ce Prince*

par ses instances réiterées, dignes
d'un Roi tres-Chrêtien, nous a
fortement sollicité de remedier inces-
samment au besoin pressant des
ames, par l'autorité d'un Jugement
Apostolique.

Touchez de ces raisons, animez
par le Seigneur, & mettant notre
confiance en son divin secours, nous
avons crû devoir faire une si sainte entreprise, & nous nous y sommes attachez avec tout le soin &
toute l'application, que l'importance
de l'affaire pouvoit exiger. D'abord
nous avons fait examiner par plusieurs Docteurs en Theologie, en
presence de deux de nos Venerables
freres Cardinaux de la sainte Eglise
Romaine, un grand nombre de Propositions, extraites avec fidelité,
& respectivement, des differentes éditions dudit livre, tant françoises que latines, dont nous a-
vons parlé ci-dessus : Nous avons
ensuite été presens à cet examen :
Nous y avons appellé plusieurs autres
Cardinaux pour avoir leur avis ;
& aprés avoir confronté pendant
tout le tems, & avec toute l'attention necessaire, chacune des Propositions avec le texte du livre, Nous
avons ordonné qu'elles fussent exa-
minées, & discutées tres-soigneu-
sement, dans plusieurs Congregations, qui se sont tenues à cet effet.
Les Propositions, dont il s'agit, sont celles qui suivent.

stanti animarum necessitati pro-
latâ quantociùs Apostolici censurâ Judicii consuleremus.

Hinc adspirante Domino,
ejusque cœlesti ope confisi, sa-
lutare opus sedulò diligenter-
que, ut rei magnitudo postulabat, aggressi sumus, ac pluri-
mas ex prædicto libro, juxtà suprà recensitas respectivè editio-
nes, fideliter extractas, & tùm
Gallico, tùm latino idiomate
expressas Propositiones à com-
pluribus in sacrâ Theologiâ Ma-
gistris, primò quidem coram
duobus ex venerabilibus Fratribus nostris sanctæ Romanæ Ecclesiæ Cardinalibus accuratè dis-
cuti : deindè verò coram Nobis, adhibito etiam aliorum
plurium Cardinalium consilio,
quàm maximâ diligentiâ, ac
maturitate, singularum insuper
propositionum cum ipsomet libri textu exactissimè factâ colla-
tione, pluries iteratis Congre-
gationibus, expendi & examina-
ri mandavimus. Hujusmodi autem Propositiones sunt quæ se-
quuntur, videlicet.

I.

QUid aliud remanet animæ, quæ Deum, atque ipsius gratiam amisit, nisi peccatum, & peccati consectaria, superba paupertas, & segnis indigentia, hoc est generalis impotentia ad laborem, ad orationem, & ad omne opus bonum?

II.

Jesu Christi gratia, principium efficax boni cujuscumque generis, necessaria est ad omne opus bonum; absque illa non solum nihil fit, sed nec fieri potest.

III.

In vanum Domine præcipis, si tu ipse non das quod præcipis.

IV.

Ita Domine; Omnia possibilia sunt ei, cui omnia possiblia facis, eadem operando in illo.

V.

Quando Deus non emollit cor per interiorem unctionem gratiæ suæ, exhortationes, & gratiæ exteriores non inserviunt, nisi ad illud magis obdurandum.

VI.

Discrimen inter fœdus Judaïcum, & Christianum est, quod in illo Deus exigit fugam peccati, & implementum legis à peccatore, relinquendo illam in suâ impotentiâ: in isto verò Deus peccatori dat

**

I.

QVe reste-t'il à une ame, qui a perdu Dieu & sa grace, sinon le peché & ses suites, une orgüeilleuse pauvreté & une indigence paresseuse, c'est à dire, une impuissance generale au travail, à la priere, & à tout bien.

Luc. 16. 3.
edit. 1693.
1699.

II.

La grace de Jesus Christ, principe efficace de toute sorte de bien, est necessaire pour toute bonne action, grande ou petite, facile ou difficile, pour la commencer, la continuer, & l'achever. Sans elle non seulement on ne fait rien, mais on ne peut rien faire.

Joan. 15. 5.
edit. 1693.

III.

En vain vous commandez, Seigneur, si vous ne donnez vous-même ce que vous commandez.

Act. 16. 16.
edit. 1693.
1699.

IV.

Oüi, Seigneur, tout est possible à celui à qui vous rendez tout possible, en le faisant en lui.

Matt. 9. 28.
edit. 1693.
1699.

V.

Quand Dieu n'amollit pas le cœur par l'onction interieure de sa grace, les exhortations & les graces exterieures ne servent qu'à l'endurcir davantage.

Rom. 9. 18.
edit. 1693.

VI.

Quelle difference, ô mon Dieu, entre l'alliance Judaïque & l'alliance Chrétienne ! L'une & l'autre a pour condition le renoncement au peché, & l'accomplissement de votre Loi : mais là, vous l'exigez du pecheur en le lais-

Rom. 11.
27.
edit. 1693.
1699.

** *Nota primò.* Que ce qui est en lettre italique & en lettre romaine dans les Propositions françoises, est fidelement extrait des editions condamnées du Livre des Reflexions, &c. avec cette difference, que ce qu'on lit en lettre italique, répond exactement aux Propositions latines de la Constitution ; & que ce qu'on lit en lettre romaine n'est point dans les propositions latines ; ce qui est necessaire pour l'intelligence de la proposition françoise.

Nota secundò. Qu'on a mis des points à la place de quelques endroits du texte du livre, qui ont paru trop longs à raporter, & qui ne sont point necessaires pour l'intelligence des Propositions.

fant dans son impuissance; ici vous lui donnez ce que vous lui commandez en le purifiant par votre grace.

VII.

Heb. 8. 7. edit. 1693.

Quel avantage y a-t-il pour l'homme dans une alliance, où Dieu le laisse à sa propre foiblesse, en lui imposant sa Loi? mais quel bonheur n'y a-t-il point d'entrer dans une alliance, où Dieu nous donne ce qu'il demande de nous?

VIII.

Heb. 8. 10. edit. 1692.

Nous n'appartenons à la nouvelle alliance, qu'autant que nous avons part à cette nouvelle grace, qui opere en nous ce que Dieu nous commande.

IX.

1. Cor. 12. 3. edit. 1693.

Ce n'est que par la grace de Jesus-Christ que nous sommes à Dieu; Grace souveraine, sans laquelle on ne peut jamais confesser Jesus-Christ, & avec laquelle on ne le renie jamais.

X.

Matt. 20. 34. edit. 1693. 1699.

La compassion de Dieu sur nos pechez, c'est son amour pour le pecheur; cet amour la source de la grace; cette grace une operation de la main toute-puissante de Dieu, que rien ne peut empêcher ni retarder.

XI.

Marc. 2. 11. edit. 1693. 1699.

La grace peut tout reparer en un moment, parce que ce n'est autre chose que la volonté toute-puissante de Dieu, qui commande & qui fait tout ce qu'il commande.

XII.

Marc. 2. 11. edit. 1693. 1699.

Quand Dieu veut sauver l'ame, en tout tems, en tout lieu, l'indubitable effet suit le vouloir d'un Dieu.

XIII.

Luc. 5. 13. edit. 1693

Quand Dieu veut sauver une ame, & qu'il la touche de la main interieure de sa grace, nulle volonté humaine ne lui résiste.

quod jubet, illum sua gratia purificando.

VII.

Quæ utilitas pro homine in veteri fœdere, in quo Deus illum reliquit ejus propriæ infirmitati, imponendo ipsi suam legem? Quæ verò felicitas non est, admitti ad fœdus, in quo Deus nobis donat, quod petit à nobis?

VIII.

Nos non pertinemus ad novum fœdus, nisi in quantum participes sumus ipsius novæ gratiæ, quæ operatur in nobis id, quod Deus nobis præcipit.

IX.

Gratia Christi est gratia suprema, sine quâ confiteri Christum nunquam possumus, & cum quâ nunquam illum abnegamus,

X.

Gratia est operatio manûs omnipotentis Dei, quam nihil impedire potest aut retardare.

XI.

Gratia non est aliud, quàm voluntas omnipotentis Dei, jubentis, & facientis quod jubet.

XII.

Quando Deus vult salvare animam, quocumque tempore, quocumque loco, effectus indubitabilis sequitur voluntatem Dei

XIII.

Quando Deus vult animam salvam facere, & eam tangit interiori gratiæ suæ manu, nulla voluntas humana ei resistit.

XIV.

XIV.

Quelque éloigné que soit du salut un pecheur obstiné, quand Jesus se fait voir à lui, par la lumiere salutaire de sa grace, il faut qu'il se rende, qu'il accoure, qu'il s'humilie, & qu'il adore son Sauveur.

Marc. 5. 6 7. edit. 1693.

XV.

Quand Dieu accompagne son commandement, & sa parole exterieure de l'onction de son esprit, & de la force interieure de sa grace, elle opere dans le cœur l'obeissance qu'elle demande.

Luc. 9. 60. edit. 1693. 1699.

XVI.

Il n'y a point de charmes qui ne cedent à ceux de la grace, parce que rien ne resiste au Tout-puissant.

Act. 8. 12. edit. 1693. 1699.

XVII.

La grace est donc cette voix du Pere, qui enseigne interieurement les hommes, & les fait venir à Jesus-Christ. Quiconque ne vient pas à lui, aprés avoir entendu la voix exterieure du Fils, n'est point enseigné par le Pere.

Joan 6. 45. edit. 1693. 1699.

XVIII.

La semence de la parole, que la main de Dieu arrose, porte toûjours son fruit.

Act. 11. 21. edit. 1693. 1699.

XIX.

La grace de Dieu n'est autre chose que sa volonté toute-puissante. C'est l'idée que Dieu nous en donne lui-même dans toutes ses Ecritures.

Rom. 14. 4. edit. 1693. 1699.

XX.

La vraye idée de la grace est que Dieu veut que nous lui obeïssions, & il est obeï; il commande, & tout se fait; il parle en Maître, & tout est soûmis.

Marc. 4 39. edit. 1693. 1699.

XXI.

La grace de Jesus-Christ est une grace ... divine, comme créée pour être digne du Fils de Dieu, forte, puissante, souveraine, invincible, comme étant l'operation de la volonté toute-puissante, une suite & une imi-

2. Cor. 5. 17. edit. 1693. 1699.

C

tation de l'operation de Dieu, incar-
nant & reſſuſcitant ſon Fils.

XXII.

Luc. 1. 38.
edit. 1693.
1699.

L'accord de l'operation toute-puiſ-
ſante de Dieu, dans le cœur de l'hom-
me, avec le libre conſentement de ſa
volonté, nous eſt montré d'abord dans
l'Incarnation ; comme dans la ſource
& le modele de toutes les autres ope-
rations de miſericorde & de grace ;
toutes auſſi gratuites & auſſi dépen-
dantes de Dieu que cette operation ori-
ginale.

XXIII.

Rom. 4. 17.
edit. 1693.
1699.

Dieu, dans la foy d'Abraham, à
laquelle les promeſſes étoient atta-
chées, nous a donné lui-même l'idée
qu'il veut que nous ayons de l'opera-
tion toute-puiſſante de ſa grace dans
nos cœurs, en la figurant par celle, qui
tire les creatures du néant, & qui re-
donne la vie aux morts.

XXIV.

Luc. 7. 7.
edit. 1693.
1699.

L'idée juſte qu'a le Centenier de la
toute-puiſſance de Dieu, & de Jeſus-
Chriſt ſur les corps, pour les guérir
par le ſeul mouvement de ſa volonté,
eſt l'image de celle qu'on doit avoir de
la toute-puiſſance de ſa grace, pour
guérir les ames de la cupidité.

XXV.

Luc. 18. 42.
edit. 1693.
1699.

Dieu éclaire l'ame & la guérit,
auſſi-bien que le corps, par ſa ſeule
volonté ; il commande, & il eſt obéi.

XXVI.

Luc. 8. 48.
edit. 1693.
1699.

Point de graces que par la Foy.

XXVII.

2. Petr. 1. 3.
edit. 1693.
1699.

La Foy eſt la premiere grace & la
ſource de toutes les autres.

XXVIII.

Marc. 11. 25.
edit. 1693.
1699.

La premiere grace que Dieu ac-
corde au pecheur, c'eſt le pardon de ſes
pechez.

XXII.

Concordia omnipotentis operationis Dei in corde hominis, cum
libero ipſius voluntatis conſenſu,
demonſtratur illicò nobis in Incar-
natione, veluti in fonte atque ar-
chetypo omnium aliarum operatio-
num miſericordiæ & gratiæ, quæ
omnes ità gratuitæ, atque ità de-
pendentes à Deò ſunt, ſicut ipſa ori-
ginalis operatio.

XXIII.

Deus ipſe nobis ideam tradidit
omnipotentis operationis ſuæ gratiæ, eam ſignificans per illam, qua
creaturas è nihilo producit, & mor-
tuis reddit vitam.

XXIV.

Juſta idea, quam Centurio habet
de omnipotentia Dei, & Jeſu-Chri-
ſti, in ſanandis corporibus ſolo motu
ſuæ voluntatis, eſt imago ideæ, quæ
haberi debet de omnipotentia ſuæ
gratiæ in ſanandis animabus à cupi-
ditate.

XXV.

Deus illuminat animam, & eam
ſanat æquè ac corpus ſolà ſuâ voluntate ; jubet, & ipſi obtempe-
ratur.

XXVI.

Nullæ dantur gratiæ, niſi per
Fidem.

XXVII.

Fides eſt prima gratia, & fons
omnium aliarum.

XXVIII.

Prima gratia, quam Deus concedit peccatori, eſt peccatorum re-
miſſio.

XXIX.

Hors d'elle, l'Eglise, point de grace.

XXX.

Tous ceux que Dieu veut sauver par Jesus-Christ, le sont infaillible-ment.

XXXI.

Les souhaits de Jesus ont toûjours leur effet ; il porte la paix jusques au fond des cœurs, quand il la leur desire.

XXXII.

Assujettissement volontaire, me-dicinal & divin de Jesus-Christ ,... de se livrer à la mort, afin de délivrer pour jamais par son sang les aînés, c'est à dire, les Elûs, de la main de l'Ange exterminateur.

XXXIII.

Combien faut-il avoir renoncé aux choses de la terre & à soy-même, pour avoir la confiance de s'approprier, pour ainsi dire, Jesus-Christ, son amour, sa mort, & ses Mystères, comme fait saint Paul, en disant ; Il m'a aimé & s'est livré pour moy.

XXXIV.

La grace d'Adam .... ne produisoit que des merites humains.

XXXV.

La grace d'Adam est une suite de la creation, & étoit dûë à la nature saine & entiere.

XXXVI.

C'est une difference essentielle de la grace d'Adam, & de l'état d'inno-cence d'avec la grace Chrétienne, que chacun auroit reçû la premiere en sa propre personne ; au lieu qu'on ne re-çoit celle-cy qu'en la personne de Ie-sus-Christ ressuscité, à qui nous sommes unis.

XXXVII.

La grace d'Adam le sanctifiant en

edit. 1693.
1692.
lui-même, lui étoit proportionnée : la grace Chrétienne nous sanctifiant en Jesus-Christ, est toute-puissante & digne du Fils de Dieu.

lum in semetipso ; erat illi proportionata : gratia Christiana nos sanctificando in Jesu Christo, est omnipotens, & digna Filio Dei.

XXXVIII.

Luc. 8. 19.
edit. 1693.
1699.
Le pecheur n'est libre que pour le mal, sans la grace du Liberateur.

Peccator non est liber, nisi ad malum, sine gratia Liberatoris.

XXXIX.

Matt. 10. 3.
4.
edit. 1693.
1699.
La volonté qu'elle, la grace, ne prévient point, n'a de lumiere que pour s'égarer, d'ardeur que pour se précipiter, de force que pour se blesser ; capable de tout mal, impuissante à tout bien.

Voluntas, quam gratia non prævenit, nihil habet luminis, nisi ad aberrandum ; ardoris, nisi ad se præcipitandum ; virium, nisi ad se vulnerandum. Est capax omnis mali, & incapax ad omne bonum.

XL.

2. Thess. 3.
18.
edit. 1693.
1699.
Sans laquelle, cette grace de Jesus-Christ, nous ne pouvons rien aimer qu'a nôtre condamnation.

Sine gratia nihil amare possumus, nisi ad nostram condemnationem.

XLI.

Rom. 1. 19.
edit 1693.
1699.
Toute connoissance de Dieu, même naturelle, même dans les Philosophes Payens, ne peut venir que de Dieu ; sans la grace elle ne produit qu'orgueil, que vanité, qu'opposition à Dieu même, au lieu des sentimens d'adoration, de reconnoissance & d'amour.

Omnis cognitio Dei, etiam naturalis, etiam in Philosophis Ethnicis, non potest venire nisi à Deo, & sine gratia non producit nisi præsumptionem, vanitatem, & oppositionem ad ipsum Deum, loco affectuum adorationis, gratitudinis, & amoris.

XLII.

Act. 11. 9.
edit. 1693.
1699.
Il n'y a que la grace de Jesus-Christ qui rende l'homme propre au sacrifice de la foy : sans cela rien qu'impureté, rien qu'indignité.

Sola gratia Christi reddit hominem aptum ad sacrificium Fidei ; sine hoc nihil nisi impuritas, nihil nisi indignitas.

XLIII.

Rom. 6. 22
edit. 1699.
Le premier effet de la grace, du Baptême, est de nous faire mourir au peché ; ensorte que l'esprit, le cœur, les sens, n'ayent non plus de vie pour le peché, que ceux d'un mort pour les choses du monde.

Primus effectus gratiæ baptismalis est facere, ut moriamur peccato ; adeò ut spiritus, cor, sensus non habeant plus vitæ prò peccato, quàm homo mortuus habeat pro rebus mundi.

XLIV.

Joan. 5. 29.
edit. 1693.
1699.
Il n'y a que deux amours d'où naissent toutes nos volontés & toutes nos actions ; l'amour de Dieu qui fait tout pour Dieu, & que Dieu récompense ; l'amour de nous-mêmes & du monde, qui ne rapporte pas à Dieu ce qui doit lui

Non sunt nisi duo amores, unde volitiones, & actiones omnes nostræ nascuntur ; amor Dei, qui omnia agit propter Deum, quemque Deus remuneratur ; & amor quo nos ipsos, ac mundum diligimus,

être rapporté, & qui par cette raison
même devient mauvais.

XLV.

Quand l'amour de Dieu ne regne
plus dans le cœur, du pecheur, il est
neceßaire que la cupidité charnelle y
regne, & corrompe toutes ses actions.

Luc. 15. 13.
edit. 1693.

XLVI.

La cupidité ou la charité, rendent
l'usage des sens bon ou mauvais.

Matt. 5. 18.
edit. 1693.
1699.

XLVII.

L'obéißance à la Loy doit couler de
source, & cette source, c'est là charité.
Quand l'amour de Dieu en est le principe interieur, & sa gloire la fin, le
dehors est net; sans cela ce n'est qu'hypocrisie, ou fausse justice.

Matt. 23. 26.
edit. 1693.
1699.

XLVIII.

Que peut-on être autre chose que
tenebres, qu'égarement, & que peché,
sans la lumiere de la foy, sans Jesus-
Christ, sans la charité?

Ephes. 5. 8.
edit. 1693.
1699.

XLIX.

Nul peché sans l'amour de nous-
mêmes, comme nulle bonne œuvre sans
amour de Dieu.

Marc. 7. 21.
23.
edit. 1693.
1699.

L.

C'est en vain qu'on crie à Dieu,
Mon Pere, si ce n'est point l'esprit
de charité qui crie.

Rom. 8. 15.
edit. 1693.
1699.

LI.

La Foy justifie quand elle opere;
mais elle n'opere que par la charité.

Act. 15. 39.
edit. 1693.
1699.

LII.

Tous les autres moyens de salut
sont renfermés dans la foy, comme
dans leur germe & leur semence;
mais ce n'est pas une foy sans amour,
& sans confiance.

Act. 10. 43.
edit. 1693.
1699.

LIII.

La seule charité les fait; les
actions Chrétiennes, chrétienne-

Coloss. 3. 14.
edit. 1693.
1699.

ment par rapport à Dieu & à Iesus-Christ.

lationem ad Deum, & Jesum Christum.

LIV.

1. Cor. 13. 1.
édit. 1693.
1699.

C'est elle seule ; la charité, qui parle à Dieu ; c'est elle seule que Dieu entend.

LIV.

Sola charitas est, quæ Deo loquitur, eam solam Deus audit.

LV.

1. Cor. 9. 14.
édit. 1693.
1699.

Dieu ne couronne que la charité ; qui court par un autre mouvement & un autre motif, court en vain.

LV.

Deus non coronat, nisi charitatem ; qui currit ex alio impulsu, & ex alio motivo, in vanum currit.

LVI.

Matt. 25. 36.
édit. 1693.
1699.

Dieu ne récompense que la charité, parce que la charité seule honore Dieu.

LVI.

Deus non remunerat nisi charitatem, quoniam charitas sola Deum honorat.

LVII.

Matt. 27. 5.
édit. 1693.
1699.

Tout manque à un pecheur ; quand l'espérance lui manque ; & il n'y a point d'espérance en Dieu ; où il n'y a point d'amour de Dieu.

LVII.

Totum deest peccatori ; quando ei deest spes, & non est spes in Deo, ubi non est amor Dei.

LVIII.

1. Joan. 4. 8.
édit. 1693.
1699.

Il n'y a ny Dieu ny Religion, où il n'y a point de charité.

LVIII.

Nec Deus est, nec Religio, ubi non est charitas.

LIX.

Joan 10. 25.
édit. 1693.

La priere des impies est un nouveau peché ; & ce que Dieu leur accorde, un nouveau jugement sur eux.

LIX.

Oratio impiorum est novum peccatum ; & quod Deus illis concedit, est novum in eos judicium.

LX.

Matt. 27. 5.
édit. 1693.
1699.

Si la seule crainte du supplice anime le repentir, plus ce repentir est violent, plus il conduit au desespoir.

LX.

Si solus supplicii timor animat pœnitentiam, quò hæc est magis violenta, eò magis ducit ad desperationem.

LXI.

Luc. 10. 19.
édit. 1693.
1699.

La crainte n'arrête que la main ; & le cœur est livré au peché, tant que l'amour de la justice ne le conduit point.

LXI.

Timor nonnisi manum cohibet ; cor autem tandiù peccato addicitur, quandiù ab amore justitiæ non ducitur.

LXII.

Matt. 21. 46.
édit. 1693.
1699.

Qui ne s'abstient du mal que par la crainte du châtiment, le commet dans son cœur, & est déja coupable devant Dieu.

LXII.

Qui à malo non abstinet, nisi timore pœnæ, illud committit in corde suo, & jam est reus coram Deo.

LXIII.

Rom. 6. 14.
édit. 1693.
1699.

Un baptisé est encore sous la Loy comme un Iuif, s'il n'accomplit point la loy, ou s'il l'accomplit par la seule crainte.

LXIII.

Baptisatus adhuc est sub lege sicut Judæus, si legem non adimpleat, aut adimpleat ex solo timore.

X I V.

s legis, nunquam fit
eccatur five facien-
illud nonnifi ob ti-

X V.

ohetæ, Sacerdotes,
s mortui funt, abf-
illum Deo dederint
effecerint nifi man-
1.

X V I.

appropinquare, nec
venire cum brutali-
, neque adduci per
ralem, aut per ti-
ſtiæ, fed per fidem,
cuti filii.

C V I I.

non fibi repræfen-
t dominum durum,
uftum, intractabi-

V I I I.

bbreviavit viam. fa-
totum in Fide, &

I X.

ugmentum, & præ-
im eft donum puræ

X X.

us affligit innocens
s femper ſerviunt,
m peccatum, vel
eccatorem.

X I.

onfervationem po-
e ab ea lege, quam
ter ejus utilitatem.

X I I.

hriſtianæ eft, quod
omprehendens, &
Cœli, & omnes
terræ, & omnium

LXIV.

Sous la malediction de la loy on ne
fait jamais le bien, parce qu'on peche
ou en faifant le mal, ou en ne l'évitant que par la crainte.

LXV.

Moyfe & les Prophetes, les Prêtres & les Docteurs de la Loy font
morts fans donner d'enfans à Dieu,
n'ayant fait que des efclaves par la
crainte.

LXVI.

Qui veut s'approcher de Dieu, ne
doit ny venir à luy avec des paſſions
brutales, ni fe conduire par un inſtinct
naturel, ou par la crainte comme les
bêtes, mais par la foy & par l'amour
comme les enfans.

LXVII.

La crainte fervile ne fe le repreſente,
Dieu, que comme un maître dur,
imperieux, injuſte, intraitable.

LXVIII.

Quelle bonté de Dieu d'avoir ainſi
abregé la voye du falut, en renfermant
tout dans la Foy & dans la priere!

LXIX.

La Foy, l'ufage, l'accroiſſement &
la récompenſe de la Foy, tout eſt un
don de votre pure liberalité.

LXX.

Dieu n'afflige jamais des innocens,
& les afflictions fervent toûjours ou à
punir le peché, ou à purifier le pecheur.

LXXI.

L'homme peut fe difpenfer, pour fa
confervation, d'une loy que Dieu a
faite pour fon utilité.

LXXII.

Marques & proprietés de l'Eglife
Chrétienne. Elle eſt .... Catholique,
comprenant & tous les Anges du Ciel,
& tous les Elûs & les Juftes de la
terre, & de tous les fiecles.

LXXIII.

2. Theff 1.1.
2.
edit. 1693.
1699.

Qu'est-ce que l'Eglise, sinon l'assemblée des enfans de Dieu, demeurans dans son sein, adoptés en Jesus-Christ, subsistants en sa personne, rachetés de son sang, vivants de son esprit, agissants par sa grace, & attendants la paix du siecle à venir.

LXXIV.

1. Tim. 3.
16.
edit. 1693
1699.

L'Eglise, ou le Christ entier, qui a pour Chef le Verbe incarné, & pour membres tous les Saints.

LXXV.

Ephef. 2.
14. 15. 16.
edit. 1693.
1699,

Unité admirable de l'Eglise. C'est .... un seul homme composé de plusieurs membres, dont Jesus-Christ est la tête, la vie, la subsistance & la personne.... Un seul Christ composé de plusieurs Saints, dont il est le sanctificateur.

LXXVI.

Ephef. 2.
22.
edit. 1693.
1699.)

Rien de si spatieux que l'Eglise de Dieu, puisque tous les Elûs & les Justes de tous les siecles la composent.

LXXVII.

1. Joan. 2. 22.
edit. 1693.

Qui ne mene pas une vie digne d'un enfant de Dieu, ou d'un membre de Jesus-Christ, cessé d'avoir interieurement Dieu pour Pere, & Jesus-Christ pour Chef.

LXXVIII.

Act. 3. 23.
edit. 1693.
1699.

Le peuple Juif étoit la figure du peuple élû, dont Jesus-Christ est le Chef. L'excommunication la plus terrible, est de n'être point de ce peuple, & de n'avoir point de part à Jesus-Christ. On s'en retranche aussi-bien, en ne vivant pas selon l'Evangile, qu'en ne croiant pas à l'Evangile.

LXXIX.

1. Cor. 14. 5.
edit. 1693.
1699.

Il est utile & necessaire en tout temps, en tous lieux, & à toutes sortes de personnes, d'en étudier, de l'Ecriture, & d'en connoître l'esprit, la pieté & les misteres.

LXXII

Quid est Ecclesia, liorum Dei manentiu adoptatorum in Chri tium in ejus persona ejus sanguine, vivent tu, agentium per eju expectantium gratia

LXXI

Ecclesia, sive intege carnatum Verbum ha omnes verò sanctos u

LXXV

Ecclesia est unus so positus ex pluribus m rum Christus est capi sistentia, & persona Christus, composit sanctis, quorum est

LXXV

Nihil spatiosius Ecc omnes electi, & justi lorum illam compon

LXXV

Qui non ducit vita Dei, & membro Ch teriùs habere Deum Christum pro capite.

LXXV

Separatur quis à cujus figura fuit Pop & caput est Jesus Ch vivendo secundùm quàm non credendo

LXXI

Utile, & necess tempore, omni loco sonarum generi stud cere spiritúm, piet steria sacræ Scriptur

LXXX.

Lectio facræ Scripturæ eft pro omnibus.

Celle, la lecture, de l'Ecriture fainte, entre les mains même d'un homme d'affaires & de finances, marque qu'elle eft pour tout le monde.

Act. 8 28. edit. 1693. 1699.

LXXXI.

Obfcuritas fancta verbi Dei non eft laïcis ratio difpenfandi fe ipfos ab ejus lectione.

L'obfcurité fainte de la parole de Dieu, n'eft pas aux laïques une raifon pour fe difpenfer de la lire.

Act. 8. 31. edit. 1693. 1699.

LXXXII.

Dies Dominicus à Chriftianis debet fanctificari lectionibus pietatis, & fuper omnia fanctarum Scripturarum. Damnofum eft velle Chriftianum ab hac lectione retrahere.

Le Dimanche, qui a fuccedé au Sabbat, doit être fanctifié par des lectures de pieté, & fur tout des faintes Ecritures. C'eft le lait du Chrêtien, & que Dieu même qui connoît fon œuvre, lui a donné. Il eft dangereux de l'en vouloir fevrer.

Act. 15. 21. edit. 1693. 1699.

LXXXIII

Eft illufio fibi perfuadere, quod notitia myfteriorum Religionis non debeat communicari fæminis, lectione facrorum Librorum. Non ex fæminarum fimplicitate, fed ex fuperba virorum fcientia, ortus eft Scripturarum abufus, & natæ funt hærefes.

C'eft une illufion de s'imaginer que la connoiffance des myfteres de la Religion ne doive pas être communiquée à ce fexe par la lecture des Livres faints, après cet exemple de la confiance, avec laquelle Jefus-Chrift fe manifefte à cette femme. Ce n'eft pas de la fimplicité des femmes, mais de la fcience orgueilleufe des hommes, qu'eft venu l'abus des Ecritures, & que font nées les herefies.

Joan. 4. 26. edit. 1693. 1699.

La Samaritaine.

LXXXIV.

Abripere è Chriftianorum manibus novum Teftamentum, feu eis illud claufum tenere, auferendo eis modum illud intelligendi, eft illis Chrifti os obturare.

C'eft la fermer aux Chrêtiens, la bouche de Jefus-Chrift, que de leur arracher des mains ce Livre faint, ou de leur tenir fermé, en leur ôtant le moïen de l'entendre.

Matc. 5. 2. edit. 1693. 1699.

LXXXV.

Interdicere Chriftianis lectionem facræ Scripturæ, præfertim Evangelii, eft interdicere ufum luminis filiis lucis, & facere ut patiantur fpeciem quandam excommunicationis.

En interdire la lecture, de l'Ecriture & particulierement de l'Evangile, aux Chrêtiens, c'eft interdire l'ufage de la lumiere aux enfans de la lumiere, & leur faire fouffrir une efpece d'excommunication.

Luc. 11. 33. edit. 1693 1699.

LXXXVI.

Eripere fimplici populo hoc fo-

Lui ravir, au fimple peuple, cette

1. Cor. 14. 16

D

edit. 1693, 1699.

consolation d'unir sa voix à celle de toute l'Eglise, c'est un usage contraire à la pratique Apostolique & au dessein de Dieu.

LXXXVII.

A. 9. 9. edit. 1693. 1699.

C'est une conduite pleine de sagesse, de lumiere & de charité, de donner aux ames le tems de porter avec humilité & de sentir l'état du peché; de demander l'esprit de penitence & de contrition, & de commencer au moins à satisfaire à la justice de Dieu, avant que de les reconcilier.

LXXXVIII.

Luc. 17. 11. 12. edit. 1693. 1699.

On ne sçait ce que c'est que le peché & la vraie penitence, quand on veut être retabli d'abord dans la possession des biens, dont le peché nous a dépoüillez, & qu'on ne veut point porter la confusion de cette separation.

LXXXIX.

Luc. 15. 25. edit. 1693. 1699.

Le quatorziéme degré de la conversion du pecheur, est qu'étant reconcilié, il a droit d'assister au Sacrifice de l'Eglise.

XC.

Mat. 18. 17. edit. 1663. 1699.

C'est l'Eglise qui en a l'autorité, de l'excommunication, pour l'exercer par les premiers Pasteurs, du consentement, au moins presumé, de tout le Corps.

XCI.

Joan. 9. 22. 23. edit. 1693. 1699.

La crainte même d'une excommunication injuste ne nous doit jamais empêcher de faire notre devoir ..... On ne sort jamais de l'Eglise lors même qu'il semble qu'on en soit banni par la méchanceté des hommes, quand on est attaché à Dieu, à Jesus-Christ, & à l'Eglise même par la charité.

XCII.

Rom. 9. 3. edit. 1693. 1699.

C'est imiter saint Paul, que de souffrir en paix l'excommunication & l'anathême injuste, plutôt que de trahir la verité, loin de s'élever contre l'autorité, ou de rompre l'unité.

latium, jungendi vocem suam voci totius Ecclesiæ, est usus contrarius praxi Apostolicæ, & intentioni Dei.

LXXXVII.

Modus plenus sapientiâ, lumine, & charitate, est dare animabus tempus portandi cum humilitate & sentiendi statum peccati, petendi spiritum pœnitentiæ & contritionis, & incipiendi, ad minus, satisfacere justitiæ Dei, antequam reconcilientur.

LXXXVIII.

Ignoramus quid sit peccatum, & vera pœnitentia, quando volumus statim restitui possessioni bonorum illorum, quibus nos peccatum spoliavit, & detrectamus separationis istius ferre confusionem.

LXXXIX.

Quartus-decimus gradus conversionis peccatoris est quod, cum sit jam reconciliatus, habet jus assistendi Sacrificio Ecclesiæ.

XC.

Ecclesia autoritatem excommunicandi habet, ut eam exerceat per primos Pastores de consensu, saltem præsumpto totius Corporis.

XCI.

Excommunicationis injustæ metus, nunquam debet nos impedire ab implendo debito nostro: Nunquam eximus ab Ecclesia etiam quando hominum nequitiâ videmur ab ea expulsi, quando Deo, Jesu-Christo, atque ipsi Ecclesiæ per charitatem affixi sumus.

XCII.

Pati potiùs in pace excommunicationem, & anathema injustum, quàm prodere veritatem, est imitari sanctum Paulum: tantùm abest, ut sit erigere se contra authoritatem, aut scindere unitatem.

XCIII.

Jesus quandóque sanat vulnera, quæ præceps primorum Pastorum festinatio infligit, sine ipsius mandato; Jesus restituit, quod ipsi inconsiderato zelo rescindunt.

XCIV.

Nihil pejorem de Ecclesia opinionem ingerit ejus inimicis, quàm videre illic dominatum exerceri suprà fidem fidelium, & foveri divisionem propter res, quæ nec fidem lædunt, nec mores.

XCV.

Veritates eò devenerunt, ut sint lingua quasi peregrina plerisque Christianis, & modus eas prædicandi est veluti idioma incognitum, adeò remotus est à simplicitate Apostolorum, & supra communem captum fidelium; neque satis advertitur, quod hic defectus sit unùm ex signis maximè sensibilibus senectutis Ecclesiæ, & iræ Dei in Filios suos.

XCVI.

Deus permittit ut omnes Potestates sint contrariæ Prædicatoribus veritatis, ut ejus victoria attribui non possit, nisi divinæ gratiæ.

XCVII.

Nimis sæpè contingit membra illa, quæ magis sanctè, ac magis strictè unita Ecclesiæ sunt, respici atque tractari tanquam indigna ut sint in Ecclesia, vel tanquam ab ea separata. Sed justus vivit ex fide, & non ex opinione hominum.

XCVIII.

Status persecutionis & pœnarum, quas quis tolerat, tanquam hæreticus, flagitiosus, & impius, ultima plerumque probatio est, & maximè meritoria, utpotè quæ facit hominem magis conformem Jesu-Christo.

XCIII.

Jesus guerit quelque fois les blessures, que la précipitation des premiers Pasteurs fait sans son ordre; il rétablit ce qu'ils retranchent par un zele inconsideré.

Join. 18. 11. edit. 1693. 1699.

XCIV.

Rien ne donne une plus mauvaise opinion de l'Eglise à ses ennemis, que d'y voir dominer sur la Foi des fideles, & y entretenir des divisions pour des choses qui ne blessent ni la Foi ni les mœurs.

Rom. 14. 16. edit. 1693. 1699.

XCV.

Les verités sont devenuës comme une Langue étrangere à la plûpart des Chrétiens, & la maniere de les prêcher est comme une langue inconnuë: tant elle est éloignée de la simplicité des Apôtres, & au dessus de la portée du commun des Fideles. Et on ne fait pas réflexion que ce déchet est une des marques les plus sensibles de la vieillesse de l'Eglise, & de la colere de Dieu sur ses enfans.

1. Cor. 14. 21. edit. 1693. 1699.

XCVI.

Dieu permet que toutes les Puissances soient contraires aux Predicateurs de la verité, afin que sa victoire ne puisse être attribuée qu'à sa grace.

Act. 17. 8. edit. 1693. 1699.

XCVII.

Il n'arrive que trop souvent que les membres le plus saintement & le plus étroitement unis à l'Eglise, sont regardez & traitez comme indignes d'y être, ou comme en étant déja separez. Mais le juste vit de la foy de Dieu, & non pas de l'opinion des hommes.

Act. 4. 11. edit. 1693. 1699.

XCVIII.

Celui, l'état d'être persecuté & de souffrir comme un heretique, un méchant, un impie, est ordinairement la derniere épreuve & la plus meritoire, comme celle qui donne plus de conformité à Jesus-Christ.

Luc. 22. 37. edit. 1693. 1699.

2. Cor. 2. 16.
edit. 1693.
1699.

L'entêtement, la prévention, l'obstination à ne vouloir, ni rien examiner, ni reconnoître qu'on s'est trompé, changent tous les jours en odeur de mort, a l'égard de bien des gens, ce que Dieu a mis dans son Eglise pour y être une odeur de vie, comme les bons Livres, les instructions, les saints exemples, &c.

Pervicacia, præventio, obstinatio in nolendo aut aliquid examinare, aut agnoscere se fuisse deceptum, mutant quotidiè, quoad multos, in odorem mortis id, quòd Deus in sua Ecclesia posuit, ut in ea esset odor vitæ; v. g. bonos libros, instructiones, sancta exempla, &c.

C.

Joan. 16. 2.
edit. 1693.
1699.

Tems déplorable, où l'on croit honorer Dieu en persécutant la verité & ses Disciples. Ce tems est venu.... Etre regardé & traité par ceux qui en sont les Ministres, de la Religion, comme un impie, indigne de tout commerce avec Dieu, comme un membre pourri, capable de tout corrompre dans la société des saints : C'est pour les personnes pieuses une mort, plus terrible que celle du corps En vain on se flate de la pureté de ses intentions, & d'un zele de Religion, en poursuivant des gens de bien à feu & à sang, si on est, on aveuglé par sa propre passion, ou emporté par celle des autres, faute de vouloir bien examiner. On croit souvent sacrifier à Dieu un impie, & on sacrifie au diable un serviteur de Dieu.

Tempus deplorabile, quo creditur honorari Deus, persequendo veritatem, ejusque Discipulos. Tempus hoc advenit..... Haberi, & tractari à Religionis Ministris, tanquam impium, & indignum omni commercio cum Deo, tanquam membrum putridum, capax corrumpendi omnia in societate Sanctorum, est hominibus piis morte corporis mors terribilior. Frustrà quis sibi blanditur de suarum intentionum puritate, & zelo quodam Religionis, persequendo flammâ, ferroque viros probos, si propria passione est excæcatus, aut abreptus aliena, propterea quod nihil vult examinare. Frequenter credimus sacrificare Deo impium, & sacrificamus diabolo Dei servum.

C I.

Martl. 5. 37.
edit. 1693.
1699.

Rien n'est plus contraire à l'esprit de Dieu & à la doctrine de Jesus-Christ, que de rendre communs les sermens dans l'Eglise: parce que c'est multiplier les occasions des parjures, dresser des pieges aux foibles & aux ignorans, & faire quelquefois servir le nom & la verité de Dieu aux desseins des méchans.

Nihil spiritui Dei, & doctrinæ Jesu-Christi magis opponitur: quàm communia facere juramenta in Ecclesia; quia hoc est multiplicare occasiones pejerandi, laqueos tendere infirmis, & idiotis, & efficere ut nomen & veritas Dei aliquando deserviant consilio impiorum.

A CES CAUSES, *aprés avoir reçû, tant de vive voix que par écrit, les suffrages des susdits Cardinaux, & de plusieurs autres Theologiens ; & aprés avoir ardemment imploré le secours du Ciel, par des prieres particulieres, que nous avons faites ; & par des prieres publiques, que nous avons ordonnées à cette intention, nous declarons par la presente Constitution, qui doit avoir son effet à perpetuité, que nous condamnons & réprouvons toutes & chacune les Propositions ci dessus raportées, comme étant respectivement fausses, captieuses, mal-sonnantes, capables de blesser les oreilles pieuses, scandaleuses, pernicieuses, temeraires, injurieuses à l'Eglise & à ses usages, outrageantes, non seulement pour elle, mais pour les Puissances seculieres ; seditieuses, impies, blasphematoires, suspectes d'heresie, sentant l'heresie, favorable aux heretiques, aux heresies & au schisme, erronées, approchantes de l'heresie, & souvent condamnées ; enfin comme heretiques, & comme renouvellant diverses heresies, principalement celles qui sont contenuës dans les fameuses Propositions de Jansenius, prises dans le sens auquel elles ont été condamnées.*

Nous defendons à tous les Fideles de l'un & de l'autre sexe de penser, d'enseigner, ou de par-

ler fur lesdites Propositions autrement qu'il n'est porté dans cette Constitution, ensorte que quiconque enseigneroit, soûtiendroit ou mettroit au jour ces Propositions, ou quelques unes d'entre-elles, soit conjointement, soit séparément, ou qui en traiteroit même par maniere de dispute, en public ou en particulier, si ce n'est peut-être pour les combattre, encoure, ipso facto, & sans qu'il soit besoin d'autre declaration, les Censures ecclesiastiques, & les autres peines portées de droit contre ceux, qui font de semblables choses.

Au reste par la condamnation expresse & particuliere que nous faisons des susdites Propositions, Nous ne prétendons nullement, approuver ce qui est contenu dans le reste du même Livre, d'autant plus que dans le cours de l'examen que nous en avons fait, Nous y avons remarqué plûsieurs autres Propositions qui ont beaucoup de ressemblance & d'affinité avec celles que nous venons de condamner, & qui sont toutes remplies des mêmes erreurs: De plus nous y en avons trouvé beaucoup d'autres, qui sont propres à entretenir la desobeissance & la rebellion, qu'elles veulent insinuer insensiblement soûs le faux nom de Patience Chrêtienne, par l'idée chimerique qu'elles donnent aux Lecteurs, d'une persecution qui

tire, docere, prædicare, aliter præsumant, quam in hac eadem nostra Constitutione continetur, ita ut quicumque illas, vel illarum aliquam conjunctim, vel divisim docuerit, defenderit, ediderit, aut de eis, etiam disputativè, publicè, aut privatim tractaverit, nisi forsan impugnando, Ecclesiasticis censuris, aliisque contra similia perpetrantes à Jure statutis pœnis ipso facto, absque alia declaratione subjaceat.

Cœterum per expressam præfatarum propositionum reprobationem alia in eodem libro contenta nullatenus approbare intendimus; cum præsertim in decursu examinis complures alias in eo deprehenderimus propositiones illis, quæ, ut supra damnatæ fuerunt, consimiles, & affines iisdemque erroribus imbutas: nec sanè paucas sub imaginario quodam, veluti grassantis hodiè persecutionis obtentu, inobedientiam & pervicaciam nutrientes, easque falso christianæ patientiæ nomine prædicantes; quas proptereà singulatim recensere, & nimis longum esse duximus, & minimè necessarium, ac demùm, quod intolerabilius est sacrum ip.

sum novi. Testamenti textum
damnábiliter vitiatum compe-
rerimus , & alteri dudùm re-
probatæ versioni Gallicæ Mon-
tensi in multis conformem ; à
vulgata verò editione , quæ
tot sæculorum usu in Ecclesia
probata est , atque ab Ortho-
doxis omnibus pro authentica
haberi debet , multipliciter dis-
crepantem , & aberrantem ,
pluriesque in alienos , exoti-
cos , ac sæpè noxios sensus ,
non sine maxima perversione
detortum.

r egne aujourd'hui : Mais nous a-
vons crû qu'il seroit inutile de
rendre cette constitution plus lon-
gue , par un détail particulier de
ces Propositions. Enfin , ce qui est
plus intolerable dans cet ouvrage,
nous y avons vû le texte sacré
du Nouveau Testament , alteré
d'une maniere , qui ne peut être
trop condamnée ; & conforme en
beaucoup d'endroits à une tradu-
Ction dite de Mons , qui a été
censurée depuis long-tems ; il y
est different , & s'éloigne en diverses façons de la version vulgate , qui est en usage dans l'E-
glise depuis tant de siecles , & qui doit être regardée comme autenti-
que , par toutes les personnes ortodoxes : & l'on a porté la mauvaise foi jusques au point , de detourner le sens naturel du texte , pour y
substituer un sens étranger , & souvent dangereux.

Eumdem proptereà librum ,
utpotè per dulces sermones &
benedictiones , ut Apostolus loquitur , hoc est sub falsa piæ
institutionis imagine , seducen-
dis innocentium cordibus longè
accommodatum , sive præmis-
sis , sive alio quovis titulo
inscriptum, ubicumque & quocumque alio idiomate, seu qua-
vis editione , aut versione
hactenus impressum aut in po-
sterùm (quod absit) impri-
mendum authoritate Aposto-
licâ, tenore præsentium, iterum
prohibemus , ac similiter dam-

Pour toutes ces raisons , en
vertu de l'autorité Apostolique ,
Nous defendons de nouveau par
ces Présentes , & condamnons de-
rechef ledit Livre , sous quelque
titre , & en quelque langue qu'il
ait été imprimé , de quelque
edition , & en quelque version
qu'il ait paru , ou qu'il puisse paroître dans la suite (ce qu'à
Dieu ne plaise). Nous le condamnons , comme étant tres-capable
de seduire les ames simples par
des paroles pleines de douceur , & par des benedictions,
ainsi que s'exprime l'Apôtre , c'est

à dire, par les apparences d'une instruction remplie de pieté. Condamnons pareillement tous les autres livres ou libelles, soit manuscrits, soit imprimez, ou (ce qu'à Dieu ne plaise) qui pourroient s'imprimer dans la suite pour la defense dudit Livre, Nous defendons à tous les Fideles de les lire, de les copier, de les retenir, & d'en faire usage, sous peine d'excommunication, qui sera encourüe, ipso facto, par les contrevenans.

namus ; quemadmodum etiam alios omnes, & singulos in ejus defensionem, tam scripto, quàm typis editos, seu forsan (quod Deus avertat) edendos libros, seu libellos, eorumque lectionem, descriptionem, retentionem, & usum, omnibus & singulis Christi Fidelibus sub pœna excommunicationis per contrafacientes ipso facto incurrenda, prohibemus pariter, & interdicimus.

Nous ordonnons de plus à nos venerables Freres les Patriarches, Archevêques & Evêques, & autres Ordinaires des lieux, comme aussi aux inquisiteurs de l'heresie, de reprimer & de contraindre par les censures, par les peines susdites, & par tous les autres remedes de droit & de fait, ceux qui ne voudroient pas obeïr, & même d'implorer pour cela s'il en est besoin, le secours du bras seculier.

Voulons aussi que même foi soit ajoûtée aux copies des Presentes, mêmes imprimées, pourvû qu'elles soient signées de la main d'un Notaire public, & scelées du sceau de quelque personne constituée en dignité ecclesiastique, que celle que l'on auroit à l'original, s'il étoit montré & representé.

Præcipimus insuper venerabilibus Fratribus Patriarchis, Archiepiscopis, & Episcopis, aliisque locorum Ordinariis ; necnon hæreticæ pravitatis Inquisitoribus, ut contradictores, & rebelles quoscumque per censuras, & pœnas præfatas, aliaque juris & facti remedia, invocato etiam ad hoc, si opus fuerit, brachii sæcularis auxilio, omninò coërceant, & compellant.

Volumus autem, ut earumdem præsentium transumptis, etiam impressis, manu alicujus Notarii publici subscriptis, & sigillo personæ in dignitate ecclesiasticâ constitutæ munitis, eadem fides prorsùs adhibeatur, quæ ipsis originalibus litteris adhiberetur, si forent exhibitæ, vel ostensæ.

Nulli

mo-tertio.

I. Card. Prodatarius.

F. Oliverius.

Visa de Curia L. Sergardus.
Loco † Plumbi.

Registrata in Secret. Brevium.

L. Martinettus.

Anno à Nativitate Domini nòstri Iesu-Christi millesimo septingentesimo decimo-tertio, indictione sexta, die verò decima Septembris, Pontificatus sanctissimi in Christo Patris, & Domini nostri Clementis divinâ providentiâ Papæ XI. anno decimotertio supradictâ Litteræ Apostolicæ affixæ & publicatæ fuerunt ad Valvas Ecclesiæ Lateranen-

I. Card. Prodataire.

F. Olivieri.

Visa, de la Cour L. Sergardi.
La place † du Sceau.

Registré dans la Secretairerie des Brefs.

L. MARTINETTI.

L'an de la Nativité de notre Seigneur Jesus-Christ 1713. Indiction 6. le dix du mois de Septembre, & la 13. année du Pontificat de nòtre tres-saint Pere en Jesus-Christ, Clement par la Providence de Dieu Pape XI. du nom, ces Lettres Apostoliques, ont été affichées & publiées aux portes de l'Eglise de saint Jean

E

de Latran & de la Basilique de saint Pierre, Prince des Apôtres, de la Chancelerie Apostolique, de la Cour generale au Mont Gitorio, dans le Champ de Flore, & aux autres lieux ordinaires & accoûtumez de Rome, par moi Pierre Romulatio Curseur Apostolique.

fis, & Basilicæ Principis Apostolorum, Cancellariæ apostolicæ, Curiæ generalis in Monte Citatorio, in Acie Campi Floræ, ac in aliis locis solitis & consuetis Vrbis, per me Petrum Romulatium Apostolicum Cursorem.

ANT: PIACENTINO
Maître des Curseurs.

Antonius Placentinus
Magister Cursorum

EXTRAIT DU PROCEZ VERBAL
de l'Assemblée des Cardinaux, Archevêques & Evêques, tenuë à Paris en l'année 1713. & 1714. Au sujet de la Constitution de notre saint Pere le Pape CLEMENT XI. du 8. de Septembre 1713. portant condamnation de plusieurs Propositions tirées d'un Livre intitulé, Le Nouveau Testament en françois avec des Reflexions Morales, &c. à Paris 1699. & autrement Abregé de la Morale de l'Evangile, des Epîtres de saint Paul, &c. ou Pensées Chrêtiennes, sur le texte de ces Livres sacrez, &c. à Paris 1693. & 1694. Avec prohibition de ce Livre, & des autres, qui ont paru, ou qui pourront paroître à l'avenir pour sa defense.

Du Mardi 23. de Janvier 1714. à trois heures de Relevée, à l'Archevêché.

Monseigneur le Cardinal de Noailles President.

L'ASSEMBLE'E le saint Nom de Dieu invoqué, a declaré.

1°. Qu'elle a reconnu avec une extrême joie dans cette Constitution de notre saint Pere le Pape la doctrine de l'Eglise.

2°. Qu'elle accepte avec soûmission & avec respect la Constitution de notre saint Pere le Pape Clement XI. *Unigenitus Dei filius* en date du 8. de Septembre de l'année 1713 qui condamne le Livre intitulé, *le Nouveau Testament en françois, avec des Reflexions Morales sur chaque verset, &c. à Paris 1699. & autrement Abregé de la Morale de l'Evangile, des Actes des Apôtres, des Epîtres de saint Paul, des Epîtres Canoniques & de l'Apocalipse, ou Pensées Chrêtiennes sur le texte de ces Livres sacrez, &c. à Paris, 1693. & 1694.* & les cent-une Propositions qui en ont été extraites.

3°. Qu'elle condamne ce même Livre & aussi les cent-une Propositions, qui en sont tirées, de la même maniere & avec les mêmes qualifications, que le Pape les a condamnées.

4°. Qu'il sera fait & arrêté par l'Assemblée, avant sa separation, un modéle de l'Instruction Pastorale, que tous les Evêques qui la composent, feront publier dans leurs Dioceses, avec la

Conſtitution traduite en françois, afin qu'étant tous unis à la Chaire de ſaint Pierre, c'eſt à dire, au Centre de l'unité, par l'uniformité des mêmes ſentimens & des mêmes expreſſions, on puiſſe non ſeulement étouffer les erreurs, qui viennent d'être condamnées; mais encore prévenir les nouvelles diſputes & premunir contre les nouvelles interpretations des perſonnes mal-intentionnées, dont on a déja vû les effets par les écrits, qu'ils ont répandus dans le public, depuis le commencement de l'Aſſemblée.

5°. Qu'elle écrira à tous Meſſeigneurs les Archévesques & Evêques abſens, qui ſont ſous la domination du Roi, & qu'elle leur envoiera la Conſtitution, un Extrait de la Deliberation de l'Aſſemblée; & un Exemplaire de l'Inſtruction Paſtorale; qu'elle les exhortera de vouloir bien s'y conformer, & de défendre à tous les Fideles de leurs Dioceſes, de lire, retenir ou débiter le Livre des *Reflexions Morales* & tous les écrits faits pour ſa defenſe, ſous les peines portées par la Conſtitution; & après que la Conſtitution aura été publiée, la faire enregiſtrer aux Greffes de leurs Officialités, pour y avoir recours, & pour être procedé par les voies de droit contre les contrevenans.

6°. Qu'elle écrira une Lettre à notre ſaint Pere le Pape pour le remercier du zele, qu'il a montré dans la condamnation d'un Ouvrage d'autant plus dangereux, qu'on y abuſe des expreſſions de l'Ecriture ſainte & des ſaints Peres; pour autoriſer les erreurs qu'il renferme.

7°. Qu'elle remercira tres-humblement ſa Majeſté de la protection continuelle qu'elle accorde à l'Egliſe, & du zele qu'elle a toûjours fait paroître pour extirper les erreurs; & qu'en preſentant à ſa Majeſté la preſente Déliberation & acceptation, Elle l'a ſupplira de vouloir accorder ſes Lettes Patentes pour l'enregiſtrement & la publication de la Conſtitution dans toute l'étenduë de ſon Royaume, & d'y faire inſerer une clauſe pour y ſoûmettre les prétendus Exemts; & d'ordonner que le Livre des *Reflexions Morales*, & tous les autres écrits faits pour ſa defenſe, ſeront & demeureront ſupprimez ſous les peines accoûtumées.

En conſequence de la preſente Deliberation, Monſeigneur le Préſident a prié Monſeigneur le Cardinal de Rohan, & Meſſeigneurs les Commiſſaires de ſe charger de faire l'Inſtruction Paſtorale, & les Lettres à ſa Sainteté; & à Meſſeigneurs les Prelats abſents.

INSTRUCTION

INSTRUCTION PASTORALE

Approuvée par l'Assemblée de Messeigneurs les Cardinaux,
Archevêques & Evêques; & proposée à Messeigneurs
les Prélats absens.

L'EGLISE attentive dans tous les tems à la conservation du dépost sacré de la Foi, qui lui a été confié; & assurée de l'assistance du Saint Esprit, qui lui a été promise, s'élevera toûjours avec succés contre toutes les erreurs, & fera triompher la verité: mais les puissances de l'Enfer, qui ne prévaudront jamais contr'elle, ne laisseront pas de faire jusqu'à la fin leurs efforts pour exciter de nouvelles heresies, & pour renouveller celles qui ont été condamnées; c'est ce que nous éprouvons aujourd'hui à l'occasion du livre intitulé, *Le Nouveau Testament en françois, avec des Reflexions morales sur chaque verset, &c.*

Cet Ouvrage nous rappelle, mes chers Freres, la conduite que certains esprits temeraires ont tenuë dés les premiers siecles. (a) *Il y en a plusieurs,* dit Saint Hilaire, *qui se sont servis de la simplicité des Saintes Ecritures, non pour défendre la verité, mais pour établir une fausse doctrine, en donnant aux Livres sacrez des interpretations étrangéres, & très-opposées au sens naturel du langage de l'Esprit Saint.* (b) *Ennemis de l'Eglise, d'autant plus dangereux,* ajoûte Vincent de Lerins, *que cherchant à se cacher à l'ombre de la Loi Divine, dans le tems même qu'ils en corrompent la pureté, il est plus difficile par le respect & par la veneration qu'on a pour les Saintes Ecritures, de développer le mystere d'iniquité qu'ils y renferment.*

C'est contre un Livre, qui sous des paroles pleines de douceur, & sous les apparences d'une instruction remplie de pieté, cache un venin capable de corrompre les cœurs, que s'éleve aujourd'hui le Souverain Pontife, dont les lumieres & les vertus font l'ornement & l'exemple de l'Eglise. Sa Sainteté vient de le condamner; & les cent-une Propositions qui en ont été extraites, nous montrent les differentes erreurs qu'il

(a) Extiterunt enim plures, qui cœlestium verborum simplicitatem pro voluntatis suæ sensu, non pro veritatis ipsius absolutione susciperent, aliter interpretantes, quàm dictorum virtus postularet. HILAR. *libro 2. de Trinit. sub init.*

(b) Tanto magis cavendi, & pertimescendi, quanto occultiùs sub divinæ legis umbraculis latitant . . . . ut ille qui humanum facilè despiceret errorem, diviña faciè non contemnat oracula. VINCENT. LIRIN. *Commonitor. cap. 25.*

F

contient, non seulement sur la Grace & sur la Liberté, mais encore sur plusieurs autres dogmes, & sur plusieurs points de Morale & de Discipline.

Une des plus nombreuses Assemblées de Cardinaux, d'Archevêques & d'Evêques, qui se soit vûe en France, a reçû avec respect & avec soumission la Constitution de Sa Sainteté : ils l'ont regardée comme un moyen tres-propre pour achever de détruire les erreurs de Jansenius, qui troublent & affligent l'Eglise depuis si longtemps. Vous la recevrez de nos mains avec confiance, mes chers Freres, cette Constitution, & vous vous y soumettrez avec toute la veneration qui est dûë au Saint Siege.

Mais comme plusieurs personnes s'efforcent d'en obscurcir le sens par de fausses interpretations, qui pourroient seduire les ames foibles & peu instruites, nous nous sentons obligez de vous en faciliter l'intelligence, afin qu'elle produise en vous tout l'effet que les ennemis de la verité craignent, & que les gens de bien en attendent.

(a) *Quelle récompense, disoit autrefois Saint Leon, ne devons-nous pas esperer d'une Instruction salutaire, qui se fait en vûë de Dieu? Ceux qui instruisent, & ceux qui sont instruits, en recueillent également les fruits; c'est pourquoi nous nous hâtons,* continuë le même Saint, *de vous envoyer cette Instruction Pastorale, persuadés que les Ministres qui servent l'Eglise sous notre autorité, répondront à notre vigilance & à notre zêle, & qu'ainsi nous pouvons esperer de plaire à Dieu, non seulement par nos œuvres, mais encore par les œuvres de ceux avec lesquels nous partageons l'honneur du Sacerdoce.*

C'est dans cet esprit de conserver la saine Doctrine, que chargés du dépost de la Foi, nous ne devons pas vous laisser ignorer les principes pernicieux, qui sont répandus dans le livre des *Reflexions morales*: Vous y verrez entr'autres erreurs, que la grace necessite tellement la volonté, que la liberté requise pour meriter & pour demeriter ne subsiste plus. Suivant les propositions condamnées, l'homme ne peut refuser son consentement à la grace interieure : elles portent en termes formels, que *la grace est une operation toute-puissante de Dieu, que rien ne peut empêcher, ni retarder.*

PROPOSIT. CONDAM. X. XIV.

Il n'est personne, qui à la premiere vûë de ce principe, ne reconnoisse

(a) Omnis admonitio salutaris, quam Domino inspirante credimus contingere, in mercedem proficit monentis & moniti; & ideo nos hoc libenter arripimus, quoniam placere Deo nostro non solum nostris, sed omnium Fratrum, Consacerdotumque nostrorum actibus festinamus. S. LEO, epist. ad Metrop. Illyri. tom. v. Concil. Labb, pag. 1720.

que dans l'état preſent, l'homme ſous l'impreſſion de la grace ſeroit privé du pouvoir de n'y pas conſentir, pouvoir ſans lequel nous ne pourrions meriter ni demeriter. Cette erreur ſi ſolennellement condamnée dans la quatriéme (a) propoſition de Janſenius, l'avoit déja été par les ſaintes déciſions du Concile de Trente, qui ſont les régles & l'oracle de l'Egliſe. Ce ſaint Concile frappe d'anatheme ceux qui diront que le libre arbitre ne peut, s'il le veut, refuſer ſon conſentement à la grace : *Neque poſſe diſſentire ſi velit, anathema ſit.* Refuſer ſon conſentement à la grace, c'eſt la priver par ce refus de l'effet dont elle donnoit le vrai pouvoir, pouvoir que les Theologiens appellent le pouvoir complet. Saint Auguſtin nous avoit enſeigné cette vérité, quand expliquant ces paroles de Saint Paul : J'attens la couronne de juſtice qui m'eſt reſervée : *Repoſita eſt mihi corona juſtitiæ ;* il s'adreſſe à l'Apôtre, & lui dit, *la couronne eſt une récompenſe, (b) la récompenſe ne vient pas de vous, & les bonnes œuvres ne viennent pas de vous ſeul. La couronne vient de Dieu, mais la bonne œuvre vient de vous, non toutefois ſans le ſecours de Dieu.* Saint Auguſtin nous fait ſentir, que dans la cooperation à la grace l'homme eſt ſi libre, qu'il le regarde comme maître & arbitre de ſon action avec le ſecours de la grace ; *opus autem abs te eſt, ſed non niſi Deo juvante.*

Saint Proſper, dont les Partiſans de Janſenius ont oſé ſi injuſtement ſe prévaloir, marque auſſi préciſément que Saint Auguſtin le pouvoir de la liberté : il dit que (c) *l'homme reçoit un don, par lequel il acquiert le merite, afin que ce qui a été commencé en lui par la grace de* Jesus-Christ, *ſoit augmenté par l'induſtrie du libre arbitre, ſans neanmoins que l'homme agiſſe jamais pour ſon ſalut, que par le ſecours de la grace.*

Aprés vous avoir inſtruits, qu'il eſt de foi qu'on peut reſiſter à la grace interieure, il eſt neceſſaire de vous dire encore, qu'il eſt également de foi, qu'on y reſiſte quelquefois, c'eſt à dire qu'il y a des graces interieures, avec leſquelles on ne fait pas tout ce dont elles donnent le vrai pouvoir, & qu'elles n'ont pas tout l'effet pour lequel elles ſont données.

ii. *ad Timoth.* IV. 8.

(a) Semipelagiani admittebant prævenientis gratiæ interioris neceſſitatem ad ſingulos actus, etiam ad initiũ fidei ; & in hoc erant hæretici, quòd vellent eam gratiam talem eſſe, qui poſſet humana voluntas reſiſtere, vel obtemperare, iv. Propos. Jansen.

(b) Merces eſt : In mercede tu nihil agis, in opere non ſolus agis ; tibi corona ab ipſo eſt, opus autem abs te, ſed non niſi Deo juvante. S. Aug. Tom. v. edit. noviſſ. Serm. 333. c. 2.

(c) Accipit donum, quo dono acquirat & meritum, ut quod in illo inchoatum eſt per gratiam Chriſti, etiam augeatur per induſtriam liberi arbitrii, nunquam remoto Dei adjutorio. S. Prosper ad Cap. Gallorum. Reſp. vi.

F ii

(a) Les Conſtitutions d'Innocent X. & d'Alexandre VII. ſur le livre de Janſenius, acceptées par toute l'Egliſe, ont decidé cette verité; l'Ecriture & les Peres nous l'apprennent, & une funeſte experience pour notre ſalut, ne nous le fait que trop ſentir : nous ne pouvons nous re-fuſer de vous rappeller les preuves, que l'ancien Auteur des livres de la Vocation des Gentils rapporte ſur notre reſiſtance à la grace. (b) *Dieu*, dit-il, *donne le voüloir, enſorte qu'il n'ôte pas à ceux mêmes qui doivent perſeverer dans la juſtice, cette mutabilité, par laquelle ils peu-vent refuſer leur conſentement à la grace. Sans cela*, ajoûte ce Pere, (c) *aucun fidele n'abandonneroit la foi, la concupiſcence ne ſurmonteroit perſonne, on ne ſeroit plus ſujet aux paſſions ; la charité ſeroit fervente dans tous les cœurs, la patience des hommes ſeroit ſuperieure aux événe-mens ; nous mettrions toûjours à profit les graces qui nous ſont données : mais comme nous pouvons faire autrement, il faut*, conclud ce même Auteur, *que cette parole de Jeſus-Chriſt*, veillez & priez, *de crainte que vous n'entriez en tentation, retentiſſe ſans ceſſe aux oreilles des fideles.* C'eſt ainſi que les Peres ont parlé ſur notre reſiſtance à la grace ; eſt-ce le langage de l'Auteur des Reflexions ? *La grace de Dieu*, dit-il, *n'eſt autre choſe, que ſa volonté toute-puiſſante ; la vraie idée de la grace eſt, que Dieu veut que nous lui obéiſſions, & il eſt obéi.* Parler de la ſorte, c'eſt ne connoître d'autre grace dans l'état preſent, que celle qui a toû-jours tout ſon effet.

On ne peut combattre les deux principes ſur la grace, que nous ve-nons de vous expoſer, ſans attaquer toutes les Ecoles Catholiques, & nommément celle de Saint Thomas, qui ſuffiroit ſeule pour confondre la doctrine des Propoſitions condamnées, quoique les défenſeurs de Janſenius oſent ſouvent abuſer de l'autorité de ce ſaint Docteur. Ces Ecoles ſe réuniſſent enſemble, pour reconnoître qu'il y a une grace à laquelle on reſiſte, qu'elles nomment ſuffiſante ; & qu'il y en a une autre à laquelle on peut reſiſter, quoiqu'on n'y reſiſte jamais, qui eſt cette grace forte & victorieuſe, qu'elles nomment efficace.

Les Reflexions morales ne ſont pas moins contraires à toutes les Ecoles & à la Foi Catholique, par les exemples que l'Auteur y employe pour

(a) Gratiæ interioriin ſtatu naturæ lapſæ nunquam reſiſtitur. 11. PROPOS. JANSEN.

(b) Ipſum velle ſic donat, ut etiam à perſeveraturis ipſam mutabilitatem, quæ poteſt nolle, non auferat. *Lib.* 11. *de Voc. Gent. cap.* 28.

(c) Alioquin nemo fidelium receſſiſſet à fide, neminem concupiſcentia vinceret, ne-minem triſtitia elideret, neminem iracundia debellaret, nullius charitas refrigeſceret, nullius patientia frangeretur, & collatam ſibi gratiam nemo negligeret, ſed quia hæc poſſunt fieri.... Nunquam debet in auribus fidelium, vox illa non ſonare, *vi-gilate & orate, ne intretis in tentationem. Ibidem.*

expliquer l'operation de la grace sur la volonté : il nous represente, non la force & la vertu de la grace, comme ont fait Saint Paul, & plusieurs Peres de l'Eglise, mais l'accord de la grace avec la liberté, *par l'operation toute-puissante de Dieu, qui unit la personne du Verbe à la nature humaine ; qui tire les creatures du neant ; qui ressuscite les morts ; qui rend la santé aux malades ;* exemples qui font entendre, que le libre arbitre ne peut pas plus se refuser à la grace, que la nature humaine de Jesus-Christ a pû se refuser à l'union hypostatique ; les estres encore dans le néant, à la parole du Createur, qui les en tiroit ; les morts à la voix du Seigneur, qui les ressuscitoit. Quelles comparaisons ! Peut-on s'empê-cher d'y reconnoître une grace qui necessite la volonté ? Ne nous por-tent-elles pas même à croire que la grace seule agit en nous, & que la volonté est purement passive, absolument inanimée, & qu'elle n'agit point avec la grace. Le quatriéme Canon du Concile de Trente en la session 6. frappe d'anatheme cette erreur de Luther, qui enseignoit, que (*a*) *le libre arbitre mû & excité de Dieu, en donnant son consentement à Dieu, qui l'excite & qui l'appelle, ne coopere en rien à se preparer, & à se mettre en état d'obtenir la grace de la justification ; & qu'il ne peut pas refuser son consentement, s'il le veut, mais qu'il est comme quelque chose d'inanimé, sans rien faire, & purement passif.*

Si les Propositions que nous vous exposons, mes chers Freres, n'ex-priment qu'une grace necessitante, il y en a d'autres qui établissent en-core, que sans la grace, qui a toûjours son effet, on est dans une vraie impuissance de faire le bien : Elles sont generales, le juste même y est compris ; ainsi quand il n'a pas accompli le precepte, c'est qu'il n'a pas eu le pouvoir de l'accomplir. Ces Propositions portent, que *sans la grace de* Jesus-Christ, *principe efficace de toute sorte de bien, & ne-cessaire pour toute bonne action, non seulement on ne fait rien, mais qu'on ne peut rien faire :* & c'est de cette même grace, avec laquelle *on ne renie jamais* Jesus-Christ, qu'il est dit, que *sans elle on ne le peut confesser.*

(*b*) N'est-ce pas renouveller clairement l'erreur de la premiere des cinq Propositions condamnées dans Jansenius ? Elle consiste à dire, que

---

(*a*) Si quis dixerit liberum hominis ar-bitrium à Deo motum, & excitatum nihil cooperari assentiendo Deo excitanti atque vocanti, quo ad obtinendam justificationis gratiam se disponat ac præparet ; neque posse dissentire si velit, sed velut inanime quoddam nihil omnino agere, meréque passivè se habere, anathema sit. Concil. Tridenr. *Sess. 6. Can. 4.*

(*b*) Aliqua Dei præcepta hominibus ju-stis volentibus, & conantibus, secundùm præsentes quas habent vires, sunt impossi-bilia, deest quoque illis gratia, quâ possi-bilia fiant. Prima Proposit. Jansen.

quelques preceptes font impoſſibles aux juſtes, qui s'efforcent de les accomplir, & que la grace qui les rend poſſibles, leur manque. Vous devez ſentir, mes chers Freres, tout le venin qui eſt renfermé dans cette doctrine. Pendant que le Concile de Trente, (*a*) ſe ſervant des paroles de Saint Auguſtin, encourage le juſte à perſeverer dans le bien, en l'aſſûrant que, s'il n'abandonne point Dieu le premier, Dieu ne l'aban-

CONCIL. TRID.
SESS. VI.
Cap. II. donnera pas: *namque Deus ſuâ gratiâ ſemel juſtificatos non deſerit, niſi priùs ab eis deſeratur;* Nous voyons au contraire dans les Propoſitions condamnées, que le juſte n'abandonne Dieu, que parce que Dieu l'a abandonné le premier. C'eſt ce que ſignifie cette impuiſſance du juſte, qui n'accomplit pas le precepte; impuiſſance qui, dans le langage des Reflexions, vient de ce que Dieu ne lui donne pas le ſecours, ſans lequel on ne peut faire le bien.

PROPOS. CON-
DAM. XII. XXX.
XXXI. XXXII. Il n'eſt pas beſoin, mes chers Freres, de vous arrêter longtemps ſur les Propoſitions, où l'on voit que *tous ceux que Dieu veut ſauver, le ſont infailliblement; que les ſouhaits de* JESUS-CHRIST *ont toûjours leur effet; & qu'il s'eſt livré à la mort pour délivrer les Elûs de la main de l'Ange exterminateur.* Les erreurs qu'elles renferment ſe découvrent ſans peine. En effet, n'eſt-ce pas dire formellement dans les deux premieres Propoſitions, & inſinuer dans la troiſiéme, que Dieu n'a voulu ſauver que les ſeuls Elûs, & que JESUS-CHRIST n'a formé des ſouhaits, & qu'il n'eſt mort pour le ſalut que des ſeuls Prédeſtinés; c'eſt préciſément le ſens heretique condamné dans la cinquiéme Propoſition de Janſenius. (*b*)

Vous la condamnez tous les jours, mes chers Freres, par la Profeſſion de Foi qu'un chacun de vous fait dans le Symbole, quand vous dites que JESUS-CHRIST eſt deſcendu du ciel en terre pour vous & pour votre ſalut: *qui propter nos homines, & propter noſtram ſalutem deſcendit de cœlis.* Le juſte, le pecheur, le parfait, le moins parfait, tout fidele eſt obligé de faire cette Profeſſion de Foy, & de ſe l'appliquer perſonnellement. Comment donc l'Auteur des Reflexions oſe-t'il

PROPOS. CON-
DAM. XXXIII. faire cette exclamation? *Combien faut-il avoir renoncé aux choſes de la terre, & à ſoi-même, pour avoir la confiance de s'approprier, pour ainſi dire,* JESUS-CHRIST, *ſon amour, ſa mort, & ſes myſteres, comme fait Saint Paul, en diſant; il m'a aimé, & s'eſt livré pour moi.*

<hr/>

(*a*) Si quis dixerit, Dei præcepta homini etiam juſtificato, & ſub gratiâ conſtituto, eſſe ad obſervandum impoſſibilia, anathema ſit. CONCIL. TRID. *Seſſ.* VI. *Can.* 18.

(*b*) Intellectam eo ſenſu, ut Chriſtus pro ſalute duntaxat prædeſtinatorum mortuus ſit, impiam, blaſphemam, contumelioſam, divinæ pietati derogantem, & hæreticam, & uti talem damnamus. V. PROP. JANSEN.

Aprés avoir attaqué la liberté de l'homme, l'Auteur des Reflexions combat encore dans le juste le merite des bonnes œuvres.: *la foi,* dit-il, *l'usage, l'accroissement, & la récompense de la foi, tout est un don de la pure liberalité de Dieu :* l'Eglise enseigne à tous les fideles, que la foi dans son commencement est un don de la pure liberalité de Dieu; mais l'Eglise est bien éloignée de penser, que l'usage, l'accroissement, & la récompense de la Foi soient tellement des dons de Dieu, qu'ils ne soient pas aussi les merites de l'homme justifié. (*c*) Le Concile de Trente nous l'apprend; il frappe d'anatheme ceux *qui diront que les bonnes œuvres de l'homme justifié sont tellement des dons de Dieu, qu'ils ne soient pas aussi les merites de l'homme justifié; ou que l'homme justifié dans les bonnes œuvres qu'il fait par la grace de Dieu, & par les merites de* JESUS-CHRIST, *dont il est un membre vivant, ne merite pas veritablement l'augmentation de la grace, la vie éternelle, s'il meurt dans l'état de grace; & même l'augmentation de la gloire.*

L'Auteur des livres de la Vocation des Gentils nous fait sentir en des termes pleins de force & d'énergie, la cooperation de la volonté dans les dons de Dieu, qui sont l'usage, l'accroissement, & la récompense de

---

(*a*) Liberum arbitrium sine Dei adjutorio, non nisi ad peccandum valet. PROPOS. XXVII. BAII.

(*b*) Pelagianus est error dicere, quòd liberum arbitrium valet ad ullum peccatum vitandum. PROP. XXVIII. BAII.

(*c*) Si quis dixerit hominis justificati bona opera ita esse dona Dei; ut non sint etiam bona ipsius justificati merita; aut ipsum justificatum bonis operibus, quæ ab eo per Dei gratiam, & Jesu Christi meritum, cujus vivum membrum est; fiunt, non mereri augmentum gratiæ, vitam æternam, & ipsius vitæ æternæ, si tamen in gratia decesserit, consecutionem atque etiam gloriæ augmentum, anathema sit, CONCIL. TRID. *Sess.* VI. *Can.* 32.

la Foi. (a) Il dit que, *quoique tous ces biens soient des dons de Dieu,* *ils sont cependant accordés pour chercher ceux que nous n'avons pas en-* *core.* (b) Il ajoûte que ces dons sont des semences, *qui se jettent dans* *la terre ; mais qu'elles n'y sont pas semées pour demeurer inutiles, qu'elles* *y doivent beaucoup produire ; que cet accroissement vient de celui qui a* *donné le commencement ; mais qu'une terre vivante, raisonnable, &* *renduë feconde par les influences de la grace, fait attendre d'elle, qu'elle* *ajoûtera à ce qu'elle a reçû.*

Saint Augustin nous enseigne sur la grace d'Adam innocent, une doctrine bien differente de celle qui est renfermée dans les Proposi-tions condamnées. Ce Pere, loin de croire que les merites d'Adam n'eussent pour principe qu'une grace naturelle, reconnoist au contraire dans l'état d'innocence un secours surnaturel, dont l'homme avoit be-

soin. *Primus homo egebat adjutorio gratiæ, &c.* Il appelle ce secours une grande grace, *imo verò habuit magnam.*

Les Propositions condamnées n'attaquent-elles point ouvertement cette verité ; elles enseignent que *la grace d'Adam étoit une suite de la* *création, une grace dûë à la nature saine & entiere ;* & qu'elle lui étoit *proportionnée ;* ce qui ne marque dans le premier homme qu'une grace naturelle, inseparable de sa condition ; & qui n'auroit produit que des merites purement humains : Propositions manifestement opposées aux principes de Saint Augustin, & justement condamnées dans Baïus par le Saint Pape Pie V. & par le Pape Gregoire XIII. Renouvellées par l'Auteur des Reflexions morales, ne méritoient-elles point d'estre en-core proscrites par le Saint Siege ?

Cet Auteur ne s'énonce pas d'une maniere plus convenable sur les vertus, que Dieu a donné aux hommes pour operer leur salut. Telle est la foi entre les vertus Theologales : au lieu de dire, comme le Con-cile de Trente, (c) *qu'elle est le commencement du salut, le fondement,* *& la source de toute justification* : au lieu de dire avec Saint Augustin, que (d) *la foi est la premiere grace, qui obtient ce qui est necessaire pour* *vivre dans la justice ;* l'Auteur en parlant de la Foi, ce qui dans un livre

(a) Quamvis enim omnia bona sint dona Dei, à Deo tamen quædam non petita tri-buuntur, ut per ipsa quæ accepta sunt, ea, quæ nondum sunt donata, quærantur. *Lib.* II. *de Voc Gent. Cap.* 28.

(b) Semen quippe quod jacitur in ter-ram, non ob hoc seritur, ut ipsum solum maneat, qui quidem profectus ab illo est, qui dat incrementum : sed terra vivens,

rationalis, & de gratiæ jam imbre foecun-da habet quod ipsa expectetur, ad id, quod accipit, augendum. *Ibid.*

(c) Fides humanæ salutis initium, fun-damentum & radix omnis justificationis. Concil. Trid. *Seff.* VI. *Cap.* 8.

(d) Prima datur (fides,) ex qua impe-trentur cætera, in quibus justè vivitur. S. August. *lib. de prædest. sanct. c.* 7.

de mo-

...inête en JÉSUS-CHRIST, assûre que la Foi est la premiere grace & la
irce de toutes les autres; ainsi il ne distingue ni celles qui préparent à
si grand don, ni celles qui le produisent dans le cœur, d'avec les
.ces qui sont accordées, ou qui peuvent estre accordées aux infideles,
int que l'Evangile leur soit prêché.

Sans chercher d'autres exemples dans les Saintes Ecritures, celui de
rneille montre clairement qu'il y a des graces qui précédent la foi en
US-CHRIST. Corneille n'a eu la foi en JÉSUS-CHRIST, selon S. Au-
tin, qu'après que Saint Pierre fut venu la lui annoncer : l'Ange lui
it déja dit, que *ses prieres & ses aumônes étoient montées jusqu'au* Actor. x. xi
ze de Dieu, & que Dieu s'en étoit souvenu : il avoit donc fait de bon-
œuvres avant la foi en JESUS-CHRIST; mais ces bonnes œuvres
:oient point faites sans quelque foi, dit ce Pere, *non sine aliqua fide*
abat & orabat ; ce qui peut exprimer la foi en Dieu Createur, ou une
implicite & obscure dans le Messie, & non la foi claire & distincte en
US-CHRIST, que Corneille n'avoit pas encore : d'où Saint Augustin
clud, (a) que tout ce qu'a fait Corneille, *avant qu'il ait crû, quand*
crû, & après qu'il a crû en JESUS-CHRIST, *tout étoit un don de Dieu*. PROPOS. CON-
: exemple prouve encore manifestement, que hors de l'Eglise il y a DAM. XXIX.
graces, quoique hors de l'Eglise il n'y ait point de salut.

.es Propositions concernant la charité, mes chers Freres, contien-
.t des principes bien éloignés de ceux de l'Eglise. Saint Paul recom-
.de cette vertu comme necessaire au salut ; il la met au dessus de la
noissance la plus parfaite des mysteres, du don de prophetie, des
:us de foi & d'esperance ; il dit que sans la charité, l'homme avec
: ces dons & toutes ces vertus, n'est qu'un airain sonnant, & une
ibale retentissante, qu'il n'est rien : *factus sum sicut æs sonans, &* 1. Epist. ad Co-
balum tiennens . . . nihil sum. Enfin il declare que, *donner tout son* rinth. XIII. 1.
aux pauvres, & livrer son corps aux plus cruels supplices, ne peut
ir de rien sans la charité. Nihil mihi prodest. Mais l'Apôtre en mar-
.nt la necessité de la charité pour le salut éternel, fait sentir en même
ps le prix des autres vertus : il nous apprend qu'elles ne peuvent
.ir que de Dieu ; que nous ne pouvons avoir de bonnes pensées, de
:s desirs, la connoissance des mysteres, la foi & l'esperance, que par
.ace de JESUS-CHRIST ; que ce sont trois vertus differentes, qui

) Quidquid igitur antequam crede-   dandum est. S. AUGUST. *lib. de prædest.*
um crederet, & postquam credidisset,   *Sancti cap.* 7.
operatus est Cornelius, totum Deo

G

neanmoins dans cette vie ont un rapport entr'elles ; & que la charité est la plus parfaite, parce que les deux autres ne peuvent sans la charité, qui les anime, & qui les perfectionne, faire arriver au salut éternel. *Nunc autem manent fides, spes, charitas : tria hæc, major autem horum est charitas.*

I. Epist. ad Corinth. XIII. v. 13

L'Eglise instruite par l'Apôtre, nous enseigne que les mouvemens de foi, de crainte & d'esperance, par lesquels Dieu prepare à la justification, ne sont point des pechez ; que, bien loin de *rendre l'homme hypocrite & plus criminel,* ils sont bons & utiles ; (*a*) qu'ils sont des dons de Dieu, & des mouvemens du Saint Esprit, qui excite l'ame, quoiqu'il n'y habite pas encore ; & que les actions qui sont faites par ces motifs, non seulement ne sont pas mauvaises, mais qu'elles sont des dispositions à la justification ; c'est ce que le Concile de Trente a declaré.

Les Propositions condamnées renferment une doctrine toute contraire. Nous y voyons, qu'*il n'y a que deux amours, la charité & la cupidité :* toutes les actions ont leur source dans l'un ou dans l'autre de ces amours. Tandis qu'on est sous le regne de la cupidité, c'est à dire avant la justification & la reconciliation, toutes les actions sont corrompuës ; *il n'y a ni foi, ni esperance en Dieu : il n'y a ni Dieu, ni Religion, où il n'y a point de charité ; il n'y a nulle bonne œuvre : tout, jusqu'à la priere, est peché & hypocrisie :* les actions Chrêtiennes ne sont point faites chrêtiennement, si elles ne sont faites par le motif de la charité.

Propos. condam. XLIV. XLV. XLVI. XLIX. L. LI. &LII. LIII. LIV. LV. LVI. LVII. LVIII. LIX.

On abuse ouvertement des expressions de l'Apôtre, en disant que *c'est en vain qu'on crie à Dieu, mon Pere, si ce n'est pas l'esprit de charité qui crie :* Saint Paul nous dit que *nous avons reçû l'esprit d'adoption, par lequel nous crions, mon Pere, mon Pere ;* mais il ne dit point que c'est en vain qu'on crie à Dieu, quand ce n'est pas par la charité que l'on crie : la foi & l'esperance crient vers Dieu, quoique moins parfaitement que la charité : la voix de la foi, & la voix de l'esperance obtiennent de Dieu les graces qui conduisent à la charité.

Epist. ad Rom. VIII. 15.

N'abuse-t'on pas encore des paroles de l'Apôtre, quand on avance que *la foi n'opere que par la charité :* la foi opere par l'esperance, elle opere par elle-même, elle a ses actes propres. Le pecheur sans charité forme ou peut former des actes de foi ; & nier une verité si constante, c'est tomber dans l'erreur des heretiques, qui enseignent, qu'on perd la foi en perdant la charité.

Concil. Trid. Sess. VI. Cap. 15.

C'est dégrader, ou pour mieux dire, c'est aneantir la foi, l'esperance, & les vertus Chrêtiennes, de dire que Dieu ne récompense & ne cou-

---

(*a*) Donum Dei esse, & Spiritus Sancti sed tantum moventis. Concil. Tridenti impulsum, non adhuc quidem inhabitantis, *sess. XIV. cap. IV. & Can. 4.*

ronne que la charité, & d'alleguer pour raison, que *la charité seule ho-*
nore Dieu, & que *celui qui court par un autre motif, & par un autre*
mouvement, court en vain : la foi & l'esperance ne courent point en
vain ; inspirées par le S. Esprit, elles disposent & conduisent à l'amour.
(*a*) Saint Augustin nous l'apprend : *la foi*, dit ce Pere, *obtient la cha-*
rité, elle obtient l'amour, elle obtient la justification même. Ce n'est
point en vain qu'on croit, & qu'on espere en Dieu ; ces saints mouvemens, quoique non encore animés par la charité, ne sont point inutiles :
il est vrai que l'amour rend le culte parfait ; c'est dans ce sens que Saint
Augustin dit, qu'on n'honore Dieu qu'en l'aimant ; mais il enseigne par
tout, que la foi & l'esperance honorent Dieu : (*b*) *il faut*, dit-il, *rendre*
à Dieu le culte qui lui est dû par la foi, par l'esperance, & par la charité.
Ces deux premieres vertus conduisent au culte parfait. D'où vient qu'il
ajoûte ailleurs, (*c*) que *l'édifice de Dieu est fondé sur la foi, élevé par*
l'esperance, & rendu parfait par l'amour. La foi & l'esperance ont aussi   I. Petr. I. 9.
leur récompense ; ainsi que les autres vertus, quoiqu'elles ne puissent
l'obtenir sans l'amour de Dieu.

En vain, mes chers Freres, on s'efforce d'autoriser la doctrine contraire, par des textes de Saint Augustin, & des autres Peres : il nous
suffiroit, pour faire voir qu'on abuse de ces autorités, de marquer que
les heretiques des derniers tems, ainsi que les défenseurs de Baïus les
ont allegués cent fois pour soutenir leurs erreurs ; mais que l'Eglise, qui
connoist mieux le sens & la doctrine de Saint Augustin & des autres
Peres, que les heretiques qui les lui opposent, elle qui est l'interprete
infaillible de l'Ecriture & de la Tradition, n'a pas laissé de proscrire
dans le Concile de Trente les erreurs de Luther & de Calvin, & dans
la Bulle du Saint Pape V. les propositions de Baïus, semblables à celles
qui sont condamnées.

A ces raisons si décisives on peut ajoûter, que nous trouvons dans
Saint Augustin même des differences & des principes, qui rendent les
textes qu'on objecte, aussi conformes à la doctrine de l'Eglise, que les
propositions censurées y sont contraires. Ce Saint Docteur reconnoist
en effet deux amours ; mais sous le nom d'amour de Dieu, il renferme
non seulement la charité habituelle, ou dominante, mais la charité
actuelle, & encore toute bonne volonté, & tout amour du bien : il

---

(*a*) Fidem volumus habeant isti fratres
nostri, quâ impetrent charitatem . . . . dile-
ctionem, quam fide impetramus . . . cùm
ergo fides impetrat justificationem. S. August. *Epist*. CLXXXVI. *cap.* 3. *edit. noviss.*

(*b*) Fide, spe & charitate colendus Deus,
S. August. *Enchirid. cap.* III. & VI.
(*c*) Domus Dei credendo fundatur, spe-
rando erigitur, diligendo perficitur. Idem
Serm. XXVII. *cap.* I. *edit. noviss.*

G ij

rapporte à cette charité toutes les dispositions, qui préparent le pecheur à la justification ; il reconnoist qu'il y a de bons mouvemens dans ceux mêmes qui n'ont point la charité, & qui sont sous le regne de la cupidité. (*a*) *Comme les pechez veniels*, dit ce Pere, *sans lesquels le plus juste ne passe point la vie, ne l'empêchent point de parvenir au bonheur éternel ; de même quelques bonnes œuvres, qu'il est difficile de ne pas trouver dans la vie des plus grands scelerats, ne leur servent point pour leur salut.*

Saint Augustin reconnoist aussi de bonnes œuvres dans les infideles mêmes : *Ceux*, dit ce Pere, (*b*) *qui ne servent pas le vrai Dieu avec vérité & avec justice, font cependant quelques actions, que non seulement nous ne pouvons reprendre, mais que nous loüons avec raison ; & quoique, si l'on examinoit à quelle fin elles ont esté faites, on eust peine à en trouver, qui meritassent d'estre loüées : cependant l'image de Dieu gravée dans l'ame n'est pas assés effacée par les affections terrestres, pour qu'il n'y en reste pas encore quelques traits ; ensorte qu'on peut dire avec justice, qu'au milieu d'une vie tres-impie, il ne laisse pas de se trouver quelques bonnes œuvres, ou quelques pensées conformes à la loi.*

Est-ce là le langage des propositions censurées ? Elles donnent à entendre au contraire, qu'il n'y a point de veritable charité, que la charité habituelle ou dominante. Les dispositions qui préparent la voie à la charité, loin de pouvoir estre rapportées à la charité, sont de vrais PROPOS. CON- pechez ; parce que sans la charité, & sous le regne de la cupidité, DAM. XLV. XLVI. *toutes nos actions* sont corrompuës, venant de la cupidité, qui regne XLVII. XLVIII. dans le cœur, dés que la charité n'y domine pas.

Si les Reflexions morales sur la charité détruisent la foi, l'esperance, & toutes les vertus Chrétiennes, il n'est pas étonnant que les propositions, qui regardent la crainte surnaturelle des peines éternelles, si utiles à la conversion du pecheur, ne soient pas plus orthodoxes. En vain le Con-Sess. VI. chap. 6. cile de Trente nous apprend, que cette crainte est un effet de la grace, & Sess. XIV. qui prévient les pecheurs, & qui les porte à *considerer la misericorde de* chap. 4.

(*a*) Sicut enim non impediunt à vita æterna justum quædam peccata venialia, sine quibus hæc vita non ducitur ; sic ad salutem æternam non prosunt impio quædã bona opera, sine quibus difficillimè vita cujuslibet pessimi hominis invenitur. S. Augustus. lib. de Spir. & Litt. cap. 27.

(*b*) Impiorum, nec Deum verum, veraciter, justéque colentium, quædam tamen facta vel legimus, vel novimus, vel audimus, quæ secundùm justitiæ regulam non

solùm vituperare non possumus, verumetiam meritò, rectéque laudamus, quanquam si discutiatur quo fine fiant, vix inveniuntur, quæ justitiæ debitam laudem defensionemve mereantur. Verumtamen, quia non usque adeò in anima humana imago Dei terrenorum affectuum labe detrita est, ut nulla in eâ velut lineamenta extrema remanserint, unde meritò dici possit etiam in ipsa impietate vitæ suæ facere aliqua legis vel sapere. Idem lib. de Spir. & Litt. cap. 27.

Dieu ; qu'elle leur donne de saints mouvemens ; qui leur font haïr & detester le peché : que loin de *rendre l'homme hypocrite & plus criminel*, elle est un don de Dieu, & un mouvement du Saint Esprit, qui excite l'ame, quoiqu'il n'y habite pas encore. Ces expressions, qui marquent si précisément la foi de l'Eglise, ne s'accordent pas avec les Propositions censurées : on y lit sur la crainte en general, & par consequent sur la crainte surnaturelle de l'enfer, qu'elle porte *au desespoir*, qu'elle laisse *le cœur livré au peché, & coupable devant Dieu* ; qu'elle appartient à la *loi ancienne*, qu'elle rend l'homme esclave, qu'elle n'exclud pas la volonté actuelle du peché, lors même qu'elle empêche de commettre exterieurement le crime : qu'au contraire, *on peche, ou en faisant le mal, ou en ne l'évitant que par la crainte* ; qu'elle ne nous represente Dieu, *que comme un maître dur, imperieux, injuste, intraitable* : Propositions que les fideles ne peuvent entendre sans indignation.

Saint Augustin expliquant ces paroles du Pseaume 127. *Heureux ceux qui craignent le Seigneur*, distingue les differentes especes de crainte, qui peuvent déterminer les hommes à agir. Il nous apprend en même tems ce que nous devons penser de la crainte des peines éternelles : il parle d'abord de cette crainte chaste, qui est inseparable de la charité, & qui demeure dans les siecles des siecles : *Timeamus Dominum timore casto, timore permanente in sæculum sæculi*. Ce Pere passe ensuite aux especes de crainte, que la charité exclud : *est enim alius timor, quem charitas excludit*. La premiere est la crainte mondaine, celle qui (a) n'a pour objet que *l'exil, la prison, les maladies* ; cette crainte n'est pas la crainte chaste, continuë ce Pere : il parle ensuite de la crainte de l'enfer, il en explique les effets : (b) *frappés*, dit-il, *de cette crainte, ils s'abstiennent du peché ; ils craignent, quoiqu'ils n'aiment pas encore la justice ; mais lorsqu'ils s'abstiennent du peché par la crainte, il se forme en eux une habitude de justice ; ce qui paroissoit dur, devient aimable ; on commence à goûter Dieu, & bientost on vit dans la justice, non par la crainte des peines, mais en vûë de l'éternité : cette crainte est bonne & salutaire*.

(a) Aliqui propterea timent, ne aliquid mali in terra patiantur, ne illis ægritudo accidat, ne damnum . . . . ne exilium, ne damnatio, ne carcer . . . adhuc iste timor non est castus . . .

(b) Alius non in hac terra pati timet, sed gehennas timet, habent timorem, & per timorem continent se à peccato ; timent quidem, sed non amant justitiam. Cùm autem per timorem continent se à peccato, fit consuetudo justitiæ, & incipit quod durum erat, amari, & dulcescit Deus ; & jam incipit homo propterea justè vivere ; non quia timet pœnas, sed quia amat æternitatem . . . bonus est & iste timor, utilis est, non quidem permanens in sæculum sæculi, sed nondum est ille castus permanens in sæculum sæculi. S. AUGUSTIN. *Enarrati. in Psalm.* CXXVII. *num.* 7. & 8.

Inſtruits donc par le Concile de Trente, & par Saint Auguſtin, nous ſoutenons, ſelon l'eſprit de la Conſtitution, mes chers Freres, que la crainte ſurnaturelle des peines eſt un don de Dieu, qu'elle eſt un mouvement du Saint Eſprit; & qu'elle eſt utile & ſalutaire; mais ne croyez point que par là nous approuvions une crainte ſervile, qui agit par ſa ſervilité, comme parlent les Theologiens; cette crainte de l'enfer même, mais naturelle; qui n'exclud pas la volonté de pecher; qui rend moins ſenſible au peché, qu'à la peine; qui change l'exterieur, ſans changer l'interieur; qui n'empêche pas le pecheur de dire dans le fond de ſon cœur, que, s'il n'y avoit point d'enfer, il pecheroit; cette crainte enfin, dont parle Saint Auguſtin, quand il dit, que (a) *c'eſt eſtre coupable, de vouloir faire ce qui n'eſt pas permis, & de ne s'en abſtenir, que parce qu'on ne le peut faire avec impunité.*

La loi de Moïſe étoit une loi de crainte : elle n'eſt pas traitée d'une maniere plus orthodoxe; que la crainte ſalutaire des peines dans la loi d'amour. Selon les Propoſitions cenſurées, Dieu exigeoit des Juifs l'accompliſſement de la loi, & les laiſſoit dans *l'impuiſſance* de l'accomplir : il eſt vrai que la loi ancienne conſiderée en elle-même étoit impuiſſante, bien differente en cela de la loi nouvelle: c'eſt ce que l'Ecriture & les Peres nous enſeignent, & c'eſt en ce ſens que Saint Paul diſoit, que (b) *ſi la loi avoit eſté donnée pour juſtifier, la juſtice viendroit de la loi;* mais. l'Ecriture & les Peres ne diſent jamais, que tous ceux qui étoient dans l'ancienne loi, fuſſent dans l'impuiſſance de l'accomplir.

En effet, il y avoit dans cette loi un remede pour effacer le peché originel. Il s'enſuit de là que tout Juif, à qui ce remede étoit appliqué, conſervoit la juſtice juſqu'au moment qu'il parvenoit à l'uſage de la raiſon; il pouvoit perſeverer dans la juſtice; l'accompliſſement de la loi ne lui étoit pas impoſſible; s'il ne perſeveroit pas, c'eſt qu'il negligeoit de répondre aux graces qui lui étoient données, & de demander celles qu'il n'avoit pas: c'eſt ce que dit expreſſément le Concile de Trente, quand parlant des juſtes en general, & par conſequent de ceux de l'ancienne loi, auſſi bien que de ceux de la nouvelle, il declare que (c) *Dieu ne commande pas des choſes impoſſibles aux juſtes, mais qu'il les avertit par ſes preceptes de faire ce qu'ils peuvent, & de demander ce qu'ils ne peuvent pas; & qu'il les aide, afin qu'ils le puiſſent.*

(a) Ac per hoc in ipſa voluntate reus eſt, qui vult facere quod non licet fieri, ſed ideò non facit, quia impunè non poteſt fieri. S. AUGUST. Epiſtol. CXLV. ad Anaſtaſ. num. 4. edition. noviſſ.

(b) Et ſi data eſſet lex, quæ poſſet vivi-

ficare, verè ex lege eſſet juſtitia. Epiſt. ad Galat. III. 21.

(c) Deus impoſſibilia non jubet, ſed jubendo monet, & facere quod poſſis, & petere quod non poſſis, & adjuvat ut poſſis. CONCIL. TRID. Seſſ. VI. cap. 11.

Ce font deux chofes bien differentes, de dire, que la loi eft impuif-fante par elle-même, ou que Dieu laiffe dans l'impuiffance ceux qui font fous la loi : le dernier langage eft celui de l'Auteur des Propofitions, auffi conforme à la maniere de s'expliquer de Janfenius & de fes difciples, qu'oppofé à l'Ecriture & à la Tradition : l'autre langage eft celui de l'Ecriture & de la Tradition ; mais qui en même temps qu'elles reconnoif-fent que la loi étoit impuiffante, nous marquent que ceux qui étoient dans la loi, avoient des graces, qui pouvoient les conduire au falut éternel. Dieu difoit aux Juifs dans le Deuteronome, (a) *Le precepte que je vous donne, n'eft pas au deffus de vos forces.* Nous lifons dans Saint Auguftin, (b) que *la grace du nouveau Teftament a efté cachée dans l'ancien; que cependant on n'a pas laiffé de l'annoncer, & de la prophetifer fous les ombres & fous les figures, afin que l'ame connoiffe fon Dieu, & renaiffe en lui par fa grace.* Saint Cyrille expliquant ces paroles d'Ifaïe, *quomodo meretrix facta eft Sion,* (c) nous apprend, qu'elles fe doivent entendre, *comme fi le Prophete difoit, que cette Sion, cette Jerufalem, qui a eu tant d'occafions pour s'inftruire, qui a reçû en abondance des fecours fpirituels, eft tombée dans l'apoftafie.*

Saint Thomas nous enfeigne, que (d) *quoique la loi ancienne ne fuft pas fuffifante pour fauver les hommes, cependant Dieu leur avoit donné avec la loi un autre fecours, par lequel ils pouvoient eftre fauvés, c'eft à dire la foi du Mediateur, par laquelle les anciens Patriarches ont efté jufti-fiés, comme nous le fommes: ainfi Dieu,* continuë ce Saint Docteur, *ne manquoit pas aux hommes, & il leur donnoit les fecours nece ffaire pour leur falut.* Si les preceptes de Dieu n'ont point efté au deffus des forces de ceux qui vivoient dans l'ancienne loi ; fi la grace du nouveau Teftament a efté donnée dans l'ancien, afin que l'homme connuft fon Dieu, & puft renaître en lui par la grace ; fi Jerufalem a eu des fecours fpirituels, pour prévenir fa chûte & fon apoftafie ; fi les Patriarches ont efté fauvés par la grace, c'eft à dire par la foi du Mediateur ; & fi Dieu

---

(a) Mandatum hoc, quod ego præcipio tibi, non eft fupra té. Deuteron. *cap.* xxx. 11.

(b) Hæc eft gratia novi Teftamenti, quod in vetere latuit, nec tamen figuris obumbrantibus prophetati prænunciarique ceffavit, ut intelligat anima Deum fuum, & gratiâ ejus renafcatur illi. S. August. *Epift.* cxl. *ad Honoratum cap.* 3. *num.* 9.

(c) Perinde eft ac fi diceres : Sion, quæ tot ad intelligendum occafiones accepit, imò verò quæ fpiritualibus adjumentis

abundavit, in defectionem & apoftafiam defléxit. S. Cyril. *lib.* 1. *fuper Ifaiàm Serm.* 1.

(d) Dicendum, quòd quamvis lex vetus non fufficeret ad falvandum homines ; tamen aderat aliud auxilium à Deo hominibus fimul cum lege, per quod falvari poterant, fcilicet fides Mediatoris, per quam juftificati funt antiqui Patres ; ficut etiam nos juftificamur : & fic Deus non deficiebat hominibus, quin daret eis falutis auxilia. S. Thomas I. 2. *Quaft.* xcviii. *art.* 2. *ad* 4.

n'a pas manqué de donner aux hommes dans l'ancienne loi le moyen de faire leur salut; on est forcé de reconnoître qu'il y avoit des graces, quoique moins abondantes, qui ont esté accordées à ceux qui vivoient dans la loi, & qu'ils n'étoient pas dans l'impuissance de l'accomplir.

L'idée qu'on nous donne de l'Eglise, dans le tems même qu'on en apporte la definition, ne nous presente qu'une Eglise invisible, qui dépoüillée de toute autorité, puisqu'elle ne peut se faire connoître, laisse dans l'impunité les heretiques, qui s'élévent contr'elle. *Qu'est ce que l'Eglise?* demande-t'on: Qui ne s'attendroit à une définition exacte, qu'on pust opposer à l'erreur des Lutheriens & des Calvinistes? rien moins, mes chers Freres; on répond, que *c'est l'assemblée des enfans de Dieu*: on y fait un portrait des enfans de Dieu, qui ne peut convenir qu'aux justes les plus parfaits. *C'est l'assemblée des enfans de Dieu, demeurans dans son sein, adoptés en JESUS-CHRIST, subsistans en sa personne, rachetés de son sang, vivans de son esprit, agissans par sa grace, & attendans la paix des siecles à venir*: de quelle autre expression pourroit-on se servir pour marquer les justes les plus parfaits entre ceux qui perseverent dans la justice?

PROPOS. CONDAM. VIII. LXXII. LXXIII. &c.

PROPOS. CONDAM. LXXVII. LXXVIII.

C'est par les mêmes principes, que l'Auteur des Reflexions avance, que *celui qui ne mene pas une vie digne d'un enfant de Dieu, ou d'un membre de JESUS-CHRIST, cesse d'avoir interieurement Dieu pour Pere, & JESUS-CHRIST pour Chef.* Il n'y a donc que les plus parfaits, qui puissent s'adresser à Dieu, & dire, *notre Pere qui estes dans les Cieux:* & l'Enfant prodigue, qui est le modele des pecheurs penitens, n'auroit pas pû marquer son repentir par ces paroles, (a) *mon Pere, j'ay peché contre le Ciel & contre vous.* Sont-ce là les traits sous lesquels on doit nous representer l'Eglise, & se reconnoist-elle à ces définitions?

L'Ecriture & la Tradition nous apprennent, qu'il n'y a qu'une Eglise de JESUS-CHRIST, qui est visible, & dont les membres sont unis par la profession d'une même Foi, & par la communion des mêmes Sacrémens, sous la conduite des Pasteurs legitimes, & d'un Chef visible; ainsi les infideles, les heretiques, les schismatiques, les excommuniés, & même les cathecumenes, ne sont point de l'Eglise; mais les pecheurs font partie de l'Eglise, tant qu'ils n'en sont pas exterieurement separés.

Saint Augustin & plus de trois cens Evêques dans la fameuse Conference de Carthage, en l'année 411. répondant aux Donatistes, qui leur objectoient plusieurs autorités de l'Ecriture, par lesquelles ces schismatiques pretendoient prouver, que les pecheurs n'étoient pas membres

(a) Pater, peccavi in cœlum & coram te. LUCÆ XV. 18.

de l'Ede l'Eglise, distinguerent deux tems, dans lesquels on peut la considerer : (*a*) *Le temps de cette vie, où les justes sont mêlés avec les pecheurs, & le bon grain avec l'yvroye; & le tems du jugement dernier, où l'Eglise sera sans tache, purifiée par la separation que le souverain Juge aura faite des justes & des pecheurs.* Ils expliquerent cette difference par la comparaison prise des deux pêches des Apôtres, *l'une faite avant la resurrection de* JESUS-CHRIST, *dans laquelle notre Seigneur, sans faire mention de la droite ni de la gauche, fait jetter les filets dans la mer, pour marquer que dans cette vie les justes & les pecheurs seroient renfermés dans les mêmes filets des Sacremens de l'Eglise; & l'autre après sa resurrection, dans laquelle* JESUS-CHRIST *fait jetter les filets à la droite, pour faire connoître qu'il n'y aura que les bons dans ces filets mysterieux.*

Remarquez, mes chers Freres, la difference qu'il y a entre la définition de l'Eglise, que nous puisons dans l'Ecriture & dans la Tradition, & celle que nous donnent les Reflexions morales : elles n'expliquent la Catholicité & l'étenduë de l'Eglise, que par le nombre des Anges du Ciel, des justes, & des élûs de la terre & de tous les siecles. L'Auteur n'est-il pas d'autant plus coupable, que les heresies de Luther & de Calvin ne permettent pas de s'expliquer avec ambiguité sur ce point ? Il a parlé comme ces heretiques ; ses expressions doivent estre condamnées. Nous souhaitons qu'il ne pense pas comme eux, & qu'il nous en convainque par sa soumission à l'Eglise ; soumission qui ne consiste pas seulement sur cet article, à dire, qu'il y a une Eglise visible, & que les pecheurs sont dans l'Eglise, ou de l'Eglise ; les heretiques en ont dit autant. Les differentes Professions de Foi des Calvinistes & des Lutheriens le portent formellement. Il faudroit donc, afin que la soumission fust sincere, & sans équivoque, reconnoître de bonne foi qu'il n'y a qu'une Eglise, à laquelle tous les fideles doivent obéir ; que la visibilité est une des marques & une des proprietés essentielles de l'Eglise ; & qu'elle a pour membres, non seulement les justes, mais les pecheurs mêmes durant cette vie.

Il est necessaire, mes chers Freres, après avoir défendu contre l'Auteur des Reflexions morales, la veritable définition de l'Eglise, de vous

---

(*a*) Hæc duo tempora Ecclesiæ, quæ nunc est, & qualis tunc erit, significata sunt duabus piscationibus ; unâ ante resurrectionem Christi, quando mitti jussit retia, nec sinistram, nec dextram nominans partem, ut nec solos malos, nec solos bonos, sed commixtos bonis malos intra retia suorum sacramentorum futuros doceret : post resurrectionem autem quando jussit retia mitti in dextram partem, ut post resurrectionem nostram solos bonos in Ecclesia futuros intelligeremus. S. AUGUST. *Brevic. Collation. cum Donatist.* III. DIE. *cap.* IX, *num.* 16.

H

inſtruire auſſi de ſes maximes touchant la lecture des livres ſaints : elles ſont fondées ſur l'Écriture même ; & ſur l'autorité des Saints Peres. Il ſeroit à deſirer que tout le monde fuſt capable de lire l'Écriture Sainte avec fruit : nous reconnoiſſons que cette lecture peut eſtre tres-utile aux perſonnes de l'un & de l'autre ſexe, qui ſont en état d'en faire un bon uſage, qui la font avec un deſir ſincere d'en profiter ; dans un eſprit humble & docile aux conſeils de leurs Paſteurs, & ſous la dépendance des Superieurs legitimes. Nous y exhortons les fideles, qui ſe trouvent dans ces religieuſes diſpoſitions ; heureux, ſi nous pouvions augmenter en eux le gouſt de cette ſainte lecture, & ſi nous les voyions mettre à profit les grandes verités, & les divins preceptes qui y ſont renfermés.

* Epiſt. ad Co-loſſ. IV. 16.

Ce n'eſt que dans cet eſprit que Saint Paul inſtruit les Egliſes & les Paſteurs auſquels il écrit ; & qu'il recommande en quelqu'une de ſes lettres, qu'elle ſoit communiquée aux fideles d'une autre Egliſe ; il étoit leur Apôtre, il connoiſſoit leurs beſoins & leurs diſpoſitions. C'eſt dans le même eſprit que Saint Gregoire le Grand nous apprend, que (*a*) *nous devons mediter avec ſoin la parole de Dieu, & nous bien garder de negliger ces divins écrits de notre Redempteur, qui nous ont eſté adreſſés :* Que Saint Chryſoſtome & les autres Peres ont tenu le même langage, avec plus ou moins de force, ſelon les differents beſoins des fideles, & les differentes occaſions qu'ils ont euës de parler & d'écrire ſur cette matiere : Que Saint Jerôme a ſouvent conſeillé l'étude ou la lecture de l'Ecriture Sainte, aux Paules, aux Euſtochies, aux Marcelles, aux Læta : Que Saint Auguſtin nous dit dans le livre de la Veritable Religion, (*b*) *Oublions les folies & les amuſemens du theatre & des poëtes ; nourriſſons notre ame de la meditation & de l'étude des Ecritures divines : inſtruiſons-nous dans cette école ſi noble, & ſi digne des enfans de Dieu.*

Enfin c'eſt dans cet eſprit, qui fut toûjours celui de l'Egliſe, & c'eſt avec ces précautions, que pleins de confiance en votre docilité, nous demandons, en vous laiſſant ce ſacré dépoſt, que vous ſuiviez les conſeils de vos Paſteurs dans la lecture des livres ſaints.

Mais en vous exhortant, mes chers Freres, à cette lecture, nous ſommes tres-éloignés de penſer, qu'*il ſoit utile & neceſſaire en tout tems, en tous lieux, & à toutes ſortes de perſonnes ;* c'eſt à dire, ſans exception de ceux qui ſont ignorans, legers & inconſtans dans la Foi, de lire indi-

PROPOS. CONDAM. LXXIX. LXXX. LXXXI. LXXXII. LXXXIII. LXXXIV. LXXXV.

(*a*) Studete Dei verba meditari : nolite deſpicere verba noſtri Redemptoris, quæ ad nos miſſa ſunt. S. GREGOR. PAPA, Homil. XV. in Ezechiel.

(*b*) Omiſſis igitur & repudiatis muſis theatricis & poëticis ; divinarum Scripturarum conſideratione & tractatione paſcamus animum... Hoc verè liberali & ingenuo ludo ſalubriter erudiamur. S. AUGUST. lib. de Vera Religione, cap. 51.

ſtinctement toute l'Ecriture ; que les Superieurs n'ayent pas le
terdire cette lecture dans de certaines circonſtances, qu'ils ne
faire dans aucun cas ſans *illuſion*, & ſans danger ; & que ce
la bouche de JESUS-CHRIST, *priver de la lumiere les enfans de l*
& leur faire ſouffrir une eſpece d'excommunication.

Ces propoſitions outrées, & contraires aux ſages précau
regardent la lecture des livres ſaints, & qui ſont marquées ſel
ferentes Egliſes, ou par des decrets, ou par l'uſage, ſont co
par les mêmes autorités, & par les mêmes Peres, qui ont c
lecture des ſaintes Ecritures, comme tres-utile & tres-ſalutair

Nous liſons dans la ſeconde Epitre de Saint Pierre, (*a*)
dans les lettres de Saint Paul *quelques endroits difficiles à ente*
des hommes ignorans & legers détournent auſſi bien que les au
tûres, à de mauvais ſens, pour leur propre ruine.

Saint Gregoire, loin de permettre à tout ſimple fidele de li
remment les livres ſaints, veut que les Predicateurs mêmes,
ſant au peuple la parole de Dieu, gardent ce ſage ménagement,
ſous ſilence ce qui ſeroit au deſſus de la portée de leurs aud
qu'il confirme par le paſſage de Saint Paul aux Corinthiens, (
ay donné du lait, & non pas une viande ſolide.

Saint Jérôme reprochoit à Pelage, (*c*) que *pour ſe concilie*
auprés de ſes Amazones, c'eſt à dire auprés des Dames, qui
declarées pour ſa doctrine, *il leur enſeignoit qu'elles devoien*
ſcience de la Loi.

Saint Auguſtin nous apprend, que la lecture de l'Ecriture ſ
pas abſolument neceſſaire au ſalut, lorſqu'il nous dit, (*d*) qu'
appuyé ſur la foi, *l'eſperance, & la charité, n'a beſoin des ſaintes*
que pour inſtruire les autres, puiſque beaucoup de ſolitaires ave
vertus vivent dans les deſerts, ſans le ſecours des livres ſaints.

La malice des heretiques a contraint quelquefois des Egliſes
de retirer des mains des fideles les divines Ecritures ; elles ne

(*a*) In quibus, *Pauli epiſtolæ*, ſunt quædam difficilia intellectu, quæ indocti & in-
ſtabiles depravânt, ſicut & cæteras ſcriptu-
ras, ad ſuam ipſorum perditionem. II.
PETR. III. 16.

(*b*) Tanquam parvulis in Chriſto lac
vobis potum dedi, non eſcam. S. PAUL. I.
ad Corinth. III. 2.

(*c*) Tu tantæ es liberalitatis, ut favo-
rem tibi apud Amazonas tuas concilies, ut

in alio loco ſcripſeris, ſcientiâ
fœminas habere debere... ne
diſſe agmini tuo ſcientiam Sc
S. HIERON. *Dialog. primo cont*

(*d*) Homo itaque fide, ſpe
ſubnixus, eaque inconcuſſe reti
diget Scripturis, niſi ad alios i
itaque multi per hæc tria etia
dine ſine codicibus vivunt. S.A
de Doctrina Chriſtiana *cap.* XXX

H

pas fait, fi elles n'avoient pas eu droit de le faire, ou fi elles ne l'avoient pû faire fans danger, & fans illufion. En 1228. à l'occafion des Albigeois, le Concile de Toulouze, dont les Conciles de Narbonne, de Cambray, & de Bordeaux ont fuivi l'efprit, dans le tems que l'herefie de Calvin commença à paroître, nous donnent des preuves inconteftables de cette autorité de l'Eglife. (*a*) *Nous défendons*, difent les Peres du Concile de Toulouze, *aux laïques d'avoir les livres de l'ancien & du nouveau Teftament, à la referve du Pfeautier, ou du Breviaire pour l'Office Divin ; mais nous ne voulons pas abfolument qu'ils ayent ceux-là mêmes traduits en langue vulgaire.*

Joa. Gerson. lect. fecundâ, contra vanam curiofitatem, confider. IX. Censura Facultat. Theologiæ Parifienfis adverfus Erafmum.

Isaïæ LVIII. 13. 14.

Cet ufage de ne pas permettre indifferemment, & même d'interdire quelquefois la lecture des livres facrés en langue vulgaire, eft attefté invinciblement par le témoignage des plus illuftres Theologiens, & par les Cenfures des Facultés de Theologie les plus celebres.

Si vous rappellez, mes chers Freres, les principes que nous venons d'établir, vous comprendrez aifément que la lecture de l'Ecriture fainte peut faire tres-utilement une partie de la fanctification du Dimanche. *Les Dimanches & les Fêtes font les delices du Seigneur, & des gens de bien,* (*b*) dit le Catechifme du Concile de Trente fur ces paroles d'Ifaïe ; *Si vous regardez le Sabbat comme un repos delicieux, comme le jour faint & glorieux du Seigneur…. alors vous trouverez votre joie dans le Seigneur. Si vocaveris Sabbatum delicatum & fanctum Domini gloriofum.. tunc delectaberis fuper Domino.* Qu'y a-t'il en effet de plus capable d'augmenter ces faintes delices dans des ames fideles, & bien difpofées, que la lecture de l'Ecriture fainte ? *que* (*c*) *mes chaftes delices*, difoit Saint Auguftin, *fe trouvent dans vos faintes Ecritures.* Mais le Dimanche, ce jour que les fideles doivent donner tout entier au culte de Dieu, pour reconnoître & pour adorer celui dont ils reçoivent fans cefse des biens ineffables, peut eftre fanctifié indépendamment de la lecture de l'Ecriture fainte : l'affiftance au faint facrifice de la Mefse, aux Offices divins, aux inftructions des Pafteurs ; la frequentation des Sacremens, les Prieres publiques & particulieres, les aumônes, le foulagement des malades & des prifonniers, & les autres exercices de pieté & de charité, fanctifient pleinement le jour du Seigneur ; & ceux qui ne font pas en état de

---

(*a*) Prohibemus etiam ne libros veteris & novi Teftamenti laïcis permittatur habere, nifi forte Pfalterium five Breviarium pro divinis Officiis ; fed ne præmifsos libros habeant in vulgati tranflatos, arctiffimè inhibemus. Concil. Tolosan. anno 1229.

Canon. XIV. Tom. XI. Concil. Labb. pag. 430. (*b*) Dies fefti funt velut deliciæ Domini & piorum hominû. Catechifm. Concil. Trid. parte III de Dei præcepto Decalogo contentû. (*c*) Sint caftæ deliciæ meæ Scripturæ tuæ. S. August. lib. XI. Confeffion. cap. 2.

lire les faintes Ecritures, feroient bien à plaindre, s'ils ne pouvoient p
d'autres moyens fatisfaire à un precepte auffi effentiel, que celui de
fanctification du Dimanche.

Il eft donc certain, mes chers Freres, & c'eft l'efprit de la Conftit
tion, que; fi la lecture de l'Ecriture fainte eft par elle-même tres-ut
& tres-falutaire, elle n'eft pas neanmoins neceffaire en tout tems,
tout lieu, & à toutes fortes de perfonnes; qu'elle peut eftre défend
quelquefois, comme elle l'a efté en effet dans de certaines circonftance
que les Evêques font en droit de ne la pas permettre; ou de l'ôter
ceux qui en pourroient faire un mauvais ufage; qu'on ne la doit li
qu'avec la fubordination qui eft duë aux Superieurs; & que les Propo
tions de l'Auteur font d'autant plus juftement condamnées, que paffa
les juftes bornes de la vérité, elles tendent à détruire la foumiffion, q
les fideles doivent en ce point à l'autorité des Pafteurs legitimes.

Que veut dire l'Auteur des Reflexions, mes chers Freres, quand
avance, que c'eft *un ufage contraire à la pratique Apoftolique, &*
deffein de Dieu, que celui de ravir au fimple peuple la confolation d'un
fa voix à celle de toute l'Eglife? Entend-il qu'on veüille détruire l'ufa
dans lequel les Laïques font d'unir leur voix à celle du Clergé, po
chanter les loüanges du Seigneur? Perfonne jufqu'à prefent n'a vou
empêcher le peuple de chanter l'Office Divin avec les Prêtres. No
fouhaiterions au contraire de faire revivre la ferveur des premie
Chrêtiens: nous n'avons pas oublié l'illuftre témoignage, qui leur a ef
rendu par le Paganifme même; lorfque Pline inftruifant l'Empere
Trajan des dépofitions qu'il avoit reçües contre leur conduite, il l
mande, (a) qu'*ils s'affembloient à un jour marqué avant le lever*
foleil, & recitoient entr'eux des hymnes à la loüange de Chrift, com
d'un Dieu; qu'ils s'engageoient par ferment, non à quelque crime, mau
ne point commettre de vol, ni d'adultere, à ne point manquer à leur p
meffe, à ne point nier un dépoft. Nous fçavons que dans la perfecuti
des Arriens, les fideles chaffés des Eglifes d'Antioche, à la fuite de Sa
Euftathe leur Evêque, chantoient les Pfeaumes pour ranimer leur f
que Saint Ambroife perfecuté par l'Imperatrice Juftine, paffoit les jou
& les nuits dans l'Eglife de Milan avec fon peuple, dont il admiroit
ferveur à chanter les loüanges de Dieu. Nous verrions avec joye, n
chers Freres, fuivre les exemples des premiers fideles, qui felon l'Aute

_____

(*a*) Quòd effent foliti ftato die ante lu-
cem convenire, carmenque Chrifto quafi
Deo dicere fecum invicem; féque facra-
mento non in fcelus aliquod obftringere;
fed ne furta, ne latrocinia, ne adult
committerent, ne fidem fallerent, ne de
fitum appellati abnegarent. PLINIUS SEC
DUS; *lib.* x. *Epift.* XCVII.

Conſtit. Apoſt.
lib. II. cap. 59.
& lib. III. cap.
31.
S. Epipha. lib.
III. adverſus
bareſ. ſub finem.

des Conſtitutions Apoſtoliques, & ſelon S. Epiphane, aſſiſtoient à tout l'Office Divin. Ce n'eſt donc pas un uſage ſi ſaint, ſi ancien, ſi autoriſé, qui a excité l'indignation du Souverain Pontife, comme des gens mal intentionnés l'ont voulu répandre ; penſée abſurde, formée par l'eſprit de calomnie & de revolte, & qui ne merite pas d'eſtre refutée.

Les termes de la Propoſition ſemblent plutoſt porter à croire, qu'elle autoriſe la celebration de l'Office Divin en langue vulgaire, ou l'obligation de dire tout le Canon à haute voix, ainſi que le reſte de la Meſſe, en condamnant l'uſage contraire, comme oppoſé à la pratique Apoſtolique, & à l'intention de Dieu. Cette doctrine a eſté proſcrite par le Concile de Trente, quand il frappe d'anathême ceux qui (a) *blâmeroient le rit de l'Egliſe Romaine, ſelon lequel une partie du Canon & les paroles de la conſecration ſe diſent à voix baſſe ; & ceux qui avoient la hardieſſe d'avancer que la Meſſe ne doit eſtre dite qu'en langue vulgaire.*

On pourroit entendre auſſi la Propoſition en ce ſens, qu'on y recommande pour le peuple, l'uſage de lire l'Ordinaire de la Meſſe en langue vulgaire pendant la celebration des Divins myſteres : mais en ce ſens même, qui ne voit la temerité de ces Propoſitions, qui attaquent l'uſage contraire, comme s'il étoit oppoſé à la pratique Apoſtolique, & à l'intention de Dieu ? quoique cet uſage de ne pas donner au ſimple peuple l'Ordinaire de la Meſſe traduit en langue vulgaire, ait eſté pratiqué même dans l'Egliſe de France juſques dans les derniers tems, & qu'il s'y obſerve encore dans pluſieurs Egliſes.

Vous voyez, mes chers Freres, que quelque ſens qu'on puiſſe donner à la Propoſition dont il s'agit, elle eſt contraire, ou aux déciſions du Concile de Trente, ou aux anciens uſages de l'Egliſe ; mais remarquez encore avec nous, qu'elle eſt d'autant plus condamnable, que le paſſage de l'Ecriture auquel elle eſt appliquée, eſt preſque le ſeul dont les heretiques abuſent, pour autoriſer leur coutume de celebrer l'Office en langue vulgaire ; & pour condamner la pratique de l'Egliſe. On devoit donc prendre la défenſe de l'Egliſe ; on devoit au moins s'expliquer ſi clairement, qu'on ne puſt eſtre ſoupçonné de favoriſer les heretiques & les novateurs ; le lieu, le tems, les circonſtances, tout le demandoit : bien loin de prendre ce parti, il ſemble qu'on ait voulu donner à l'hereſie des armes contre l'Egliſe.

Nous avons appris avec douleur, qu'on s'eſt laiſſé éblouïr par des Propoſitions, qui, ſous l'apparence de l'ancienne diſcipline toûjours reſpe-

(a) Si quis dixerit Ecclesiæ Romanæ   nandum eſſe ; aut linguâ tantùm vulgari
ritum, quò ſubmiſſâ voce pars Canonis &   Miſſam celebrari debere... anathema ſit,
verba Conſecrationis proferuntur, dam-   CONCIL. TRIDENT. ſeſſ. XXII. canon. 9.

le aux fideles, condamnent l'usage present de l'Eglise sur l'admini-
ion du sacrement de Penitence. Si l'Auteur avoit donné aux Pa-
:s les régles de conduite, qu'ils doivent garder à l'égard des peni-
,telles que nous les avons reçûës des Saints Peres, & que S. Charles
prescrites dans ses maximes, autorisées par les souverains Pontifes,
ir le Clergé de France dans l'Assemble generale de 1656. & dans *Procés verbal de l'Assemblée generale du Clergé en la séance du six Mars 1656.*
de 1700. s'il avoit representé l'ancienne severité de l'Eglise, qui
oit les grands pecheurs en penitence, avant que de les reconcilier,
animer les fideles de ce tems, par l'exemple des premiers Chré-
, à profiter de l'indulgence dont l'Eglise use à present envers eux,
s reconciliant avant la satisfaction ; s'il avoit dit qu'on doit differer *Procés verbal de 1700. page 617.*
lution en plusieurs cas & dans plusieurs circonstances, nous ne
rions que loüer son zéle & sa doctrine : mais il ne se contient pas
ces justes bornes, il va jusqu'à donner le delai de l'absolution, & la
iction au moins faite en partie avant l'absolution, comme une ma-
generale, sans apporter aucune exception, ni aucune modification :
:ondamner la pratique presente de l'Eglise ; & sous le pretexte
: fausse regularité, introduire une discipline, qui pourroit estre dans
:urs occasions tres-préjudiciable au salut des ames.
'est l'idée que presentent les Propositions condamnées ; on y éta- *PROPOS. CONDAM. LXXXVII.*
|ue, *c'est une conduite pleine de sagesse, de lumiere, & de charité,*
nner aux ames le tems de porter avec humilité, & de sentir l'état du
; de demander l'esprit de penitence & de contrition ; & de com-
er au moins à satisfaire à la justice de Dieu, avant que de les recon-
- On n'y fait aucune distinction entre les pecheurs ; quoique, sui-
les regles de Saint Charles, ils doivent estre traités d'une maniere
lifferente selon la nature du peché, & selon les dispositions des
ens. Peut-on dire en effet de tous les pecheurs, qu'il faille leur
er le tems de porter avec humilité, & de sentir l'état du peché,
à dire, qu'on leur doit toûjours differer l'absolution ; & que les
:urs doivent commencer au moins à satisfaire à la justice de Dieu,
: que d'estre reconciliés ? Ces expressions n'insinuent-elles pas, que
sfaction doit estre faite avant l'absolution, & que la plus grande
: qu'on puisse accorder aux penitens, est de ne les obliger qu'à faire
artie de la penitence avant que de les absoudre ? N'est-ce pas con-
:é, contre l'esprit du Concile de Trente, la penitence medicinale, *CONCIL. TRID. Sess. XIV. cap. 8.*
ft dans de certaines circonstances necessaire ou utile pour preparer
heur à la reconciliation, avec la penitence satisfactoire, qui fait
r la peine dûë à la justice de Dieu, aprés que le peché a esté remis ?

Il est vrai, mes chers Freres, qu'il y a des cas dans lesquels on ne doit

PROPOS. CON-
DAM. LXXXVIII.

pas estre rétabli d'abord dans la possession des biens dont le peché nous a
dépoüillés. Tels sont les pechez énormes ou publics, les pechez d'habitude, le cas de l'occasion prochaine, le cas d'une restitution, ou d'une
reconciliation refusées, ou mal à propos differées, & generalement tous
ceux dans lesquels le penitent ne paroist pas suffisamment instruit ou
disposé : mais il y en a d'autres, où le pecheur doit aspirer ardemment
à la possession de ces biens, & où c'est connoître la nature du péché & la
nature de la penitence, que de chercher à renoncer au péché, & à en
estre délivré par les secours salutaires du sacrement : le delai de l'absolution n'est donc pas fondé sur la nature du péché en general, & sur la
nature de la penitence ; ensorte qu'il n'y ait de vraie penitence, que celle

Tom. III. Con-
cilor. Hispania
Card. de
AGUIRRE, pag.
686.
En 1641. le 18.
Juillet.

dont la satisfaction au moins commencée précede l'absolution ; ni d'absolution veritable, que celle qui suit la satisfaction. Ces expressions nous
rappellent l'erreur de Pierre de Osma si solemnellement condamnée en
1428. par la Bulle de Sixte IV. qui confirma le jugement d'Alphonse
Carrillo Archevêque de Tolede, & qui est citée par la Faculté de Theologie de Paris, dans la Censure d'un livre intitulé *le Pacifique veritable*,
dans lequel les mêmes erreurs étoient contenües.

PROPOS. CON-
DAM. LXXXIX.

Que peut-on penser du *quatorziéme degré de la conversion du pecheur*,
qui ne lui donne droit qu'après la reconciliation, d'assister au sacrifice de
la Messe ; si ce n'est qu'avant la reconciliation, & pendant le tems de la
penitence, qui, selon l'ancien usage, la précedoit, le pecheur ne peut
assister au saint sacrifice de la Messe ? N'est-ce pas condamner la discipline presente, qui non seulement permet aux pecheurs d'assister à ce
divin sacrifice ; mais qui les presse, qui les oblige d'entendre la sainte
Messe les Dimanches & les Fêtes, dans l'esperance que la vûë de ces
divins mysteres leur inspirera une sainte fraïeur, & les portera, en rani-
mant leur foi, à demander à Dieu cet esprit contrit & humilié, qui est
le vrai sacrifice du cœur.

(*a*). Le Concile de Trente n'exclud de l'assistance au saint sacrifice de
la Messe, que les pecheurs qui sont publiquement & notoirement prévenus de crime. Avec quelle temerité veut-on en exclure tous les pecheurs, qui ne sont point pecheurs publics ? Le même Concile ordonne
que (*b*) *les pecheurs publics fassent une penitence publique, laissant cependant aux Evêques la liberté de la changer en une penitence secrette,*

(*a*) Neminem præterea, qui publicè &
notoriè criminosus sit, aut sacro altari mi-
nistrare, aut sacris interesse. permittant.
CONCIL. TRID. sess. XXII. Decreto de obser-

vandis & evitandis in celebratione Missæ.
(*b*) Apostolus monet publicè peccantes
palam esse corripiendos. Quando igitur ab
aliquo publicè & in multorum conspectu

quand

quand ils le croiront plus convenable ; mais les Peres du Concile n'ont parlé que des pecheurs publics, & sous le nom d'une penitence publique, ils n'ont pas entendu tout ce qui se pratiquoit dans l'ancienne discipline. Saint Charles ordonne aux Confesseurs de sçavoir les canons de la penitence, afin qu'ils puissent apprendre aux pecheurs ce que l'ancienne discipline auroit exigé d'eux ; mais il ne laisse pas à ces Confesseurs la liberté de se conformer à toute la severité des anciens canons. N'est-il pas juste de condamner des Propositions, qui tendent à établir une discipline contraire aux regles du Concile de Trente, & à l'usage present de l'Eglise ?

Pour nous, mes chers Freres, nous suivons avec joye la doctrine & les maximes d'un Concile Romain, qui nous apprend que nous devons donner tous nos soins & toute notre application à garder dans l'administration du sacrement de Penitence un si juste temperament ; comme il est aussi marqué dans nos Rituels, (*a*) *que les mechans ne puissent se loüer de l'excés de notre facilité ; & que ceux qui sont veritablement penitens, ne puissent se plaindre de notre extrême severité.*

Les Propositions que nous avons exposées jusqu'à present, mes chers Freres, attaquent l'Eglise dans ses dogmes, dans sa discipline, dans sa définition même ; celles qui suivent ne tendent qu'à détruire son autorité.

Les défenseurs de Jansenius, qui se sont revoltés contre l'Eglise, & qui craignent avec raison les censures & les excommunications, font tous leurs efforts pour s'en garantir ; ils établissent dans tous leurs Ecrits, que le pouvoir d'excommunier *est donné à l'Eglise, pour y estre* PROPOS. CON-*exercé par les premiers Pasteurs du consentement au moins présumé de* DAM. XC. *tout le Corps ;* c'est à dire, du consentement des fideles. Ils se croient partie de l'Eglise, & peutêtre même la portion la plus pure ; ils ne consentiront point aux censures portées contr'eux ; c'est une raison de les mépriser. *Une excommunication injuste ne doit jamais empêcher qu'on* PROPOS. CON-*fasse son devoir :* mais c'est au tribunal de leur conscience qu'ils s'en rap- DAM. XCI. portent pour decider de la justice, ou de l'injustice de l'excommunication ; ils la trouveront certainement injuste, & elle ne les empêchera pas de faire ce qu'ils appellent leur devoir.

crimen commissum fuerit, unde alios scandalo offensos commotosque fuisse non sit dubitandum ; huic condignam pro modo culpæ pœnitentiâ publicè injungi oportet, et quos exemplo suo ad malos mores provocavit, suæ emendationis testimonio ad rectam revocet vitam. Episcopus tamen publicæ hoc pœnitentiæ genus in aliud secretum poterit commutare, quando ita magis judicaverit expedire. CONCIL. TRID. *Sess.* XXIV. *Decreto de Reformatione, cap.* 8.

(*a*) Nobis tamen anxiè curantibus, ut nec pronam nostram impiobi homines laudent facilitatem ; nec verè pœnitentes accusent nostram quasi duram crudelitatem. *Epist. Cleri Rom. ad S. Cyprian. tom.* I. *Concil. Labb. pag.* 663.

Qu'entendent-ils par ce devoir? c'est un terme general, ils renferment sous cette expression non-seulement les preceptes de la loi naturelle & de la loi divine, mais encore ceux de la loi positive: par là un Prêtre attaché à leur doctrine s'autorise à ne pas signer le formulaire, & à dire la Messe, quoiqu'il soit interdit ; un laïque à faire ses Pâques, quoiqu'il soit excommunié. *On ne sort jamais de l'Eglise*, suivant leurs maximes, *quand on est attaché à Dieu, à* JESUS-CHRIST, *& à l'Eglise même par la charité.* Quel est le Janseniste, qui plein de ces principes croie devoir deferer aux censures? Ils disent enfin, que *c'est imiter Saint Paul, que de souffrir en paix l'excommunication & l'anatheme injuste :* ils disent que JESUS-CHRIST *rétablit ceux que les Pasteurs ont retranché par un zele inconsideré.* Imiter Saint Paul, estre gueri par JESUS-CHRIST même des plaies que font les premiers Pasteurs, quels motifs ne sont-ce pas pour engager à ne pas craindre les foudres de l'Eglise, & à les méprifer avec autant d'orgueil que de securité? Tels sont les principes des Propositions condamnées.

PROPOS. CON-
DAM. XCII.
XCXIII.

Est-ce l'idée que l'Apôtre nous donne de ces (*a*) *armes spirituelles, puissantes en Dieu, pour renverser tout ce qu'on leur oppose, pour détruire les desseins des mechans, & toute hauteur qui s'éleve contre la science de Dieu, pour reduire en servitude les esprits, & les soumettre à l'obéissance de* JESUS-CHRIST ? Que devient la vertu de ce remede que l'Eglise a en main, & qu'elle emploie comme une derniere ressource contre ses enfans rebelles ; ce glaive que le Concile de Trente appelle *le nerf de la discipline Ecclesiastique, qui est si salutaire pour contenir les peuples dans le devoir* ; & que Saint Gregoire veut que (*b*) *l'on craigne , lors même qu'il frappe injustement ?* Non, mes chers Freres, nous le disons avec confiance ; votre soumission & votre respect pour l'Eglise vous feront éviter les pieges que l'on vous tend ; vous démelerez l'esprit de ces Propositions ; malgré les apparences de la verité, dont elles sont revêtües, & vous reconnoîtrez qu'en attaquant le pouvoir des Pasteurs, on ne cherche qu'à assurer l'impunité de ceux, qui refusants de se soumettre aux Constitutions d'Innocent X. & d'Alexandre VII. & de signer le Formulaire, resistent avec opiniâtreté à l'autorité la plus legitime & la plus respectable.

CONCIL. TRID.
Sess. XXV. De-
cret. de Refor-
mat. cap. 3.

Il est vrai que le pouvoir d'excommunier a esté donné à l'Eglise en la personne des premiers Pasteurs ; & si la Proposition n'alloit pas plus

PROPOS. CON-
DAM. XC.

(*a*) Nam arma militiæ nostræ non carnalia sunt, sed potentia Deo ad destructionem, munitionum consilia destruentes, & omnem altitudinem extollentem se adversus scientiam Dei, & in captivitatem redigentes omnem intellectum in obsequium Christi. *Epist.* II. *ad Corinth.* X. 4. 5.

(*b*) Is autem qui sub manu pastoris est, ligari timeat, vel injuste. S. GREG. PAPA, *Homil.* XXVI. *in Evang.*

oit orthodoxe : mais il n'eſt pas vrai que les premiers Pa-
ſivent du Corps de l'Eglife, c'eſt à dire des fideles. Le pou-
ımunier fait partie du pouvoir des clefs, que JESUS-CHRIST
a aux Apôtres immediatement, & dans leurs perſonnes aux
i font leurs ſucceſſeurs. Il n'eſt pas vrai que les Evêques ne
ommunier que du conſentement au moins préfumé de
ıs, c'eſt à dire, de tous les fideles de leurs Diocéfes. JESUS-
pas aſſujeti les premiers Paſteurs dans l'exercice de leur
eux qui leur font foumis.

qu'entre les deux extrêmités, de trahir la verité, ou de ommunication, il n'y a pas à balancer. On ne doit jamais
té ; mais on fent que dans le tems & dans les circonftances,
ition a eſté avancée, l'application naturelle de ces termes,
ité, regarde la fignature du Formulaire, par laquelle les
ſanfenius croient fauſſement la verité trahie.

il n'eſt pas vrai qu'on doive ſouffrir en paix toute excom-
njuſte ; il n'y a que le cas où l'on fe trouveroit dans l'im-
prouver l'injuſtice & la nullité d'une excommunication,
ı fouffrir en paix ; mais ſi l'on peut faire connoître cette
te injuſtice, il n'eſt plus permis d'eſtre tranquille. On ne
frir en paix la privation des Sacremens ; ce feroit les mé-
ne pas faire tous ſes efforts pour fe faire relever d'une
ation, qui prive de la participation de ces ſources ſacrées
& de la focieté des fideles. L'exemple de Saint Paul, qui
é excommunié, eſt une pure illuſion.

ſt pas vrai que JESUS-CHRIST guerife les plaies que fait la
des premiers Paſteurs, c'eſt à dire, une excommunication
ela ne fe pourroit dire que dans le cas d'une excommuni-
juoiqu'injuſte, fepareroit extérieurement du Corps de l'E-
i en feroient frappés, & qui feroient tout ce qui feroit en
pour s'en faire relever, ou qui feroient dans l'impoſſibilité
faire ; & c'eſt de ces derniers dont parle S. Auguſtin, quand
ı) le Pere céleſte, qui voit le ſecret des cœurs, les couronne
ıs hors de ces cas, ou cette excommunication ne bleſſe
ıs-CHRIST n'a point de bleſſure à guerir ; ou elle bleſſe,
ts qu'elle fait, ne font gueries que quand on eſt rétabli dans
utorité viſible des Paſteurs, aprés une foumiſſion & une
ınvenable.

PROPOS. CON-
DAM. XCIII.

PROPOS. CON-
DAM. XCIII.

t in occulto Pater, in occulto videns, S. AVGVST. lib. de verâ Relig. cap. VI.

Propos. con-
dam. xci. La quatre-vingt onziéme Propofition, mes chers Freres, eſt auſſi tres-
juſtement condamnée. *La crainte, dit-on, d'une excommunication injuſte ne nous doit jamais empêcher de faire notre devoir.* Si l'injuſtice de
l'excommunication eſt conſtante; ſi le devoir eſt un devoir réel & veritable, la Propofition renferme une verité, à laquelle il eſt impoſſible
de ſe refuſer; mais ſi l'excommunication n'eſt injuſte que dans l'idée de
celui qui en eſt frappé; ſi le devoir eſt un faux devoir; s'il y a même de
l'incertitude ſur l'injuſtice de l'excommunication, & ſur la réalité du
devoir, la Propofition eſt fauſſe, & d'autant plus dangereuſe, qu'elle ſe
preſente ſous l'apparence de la verité. Cette Propofition vraie dans la
premiere ſuppoſition, fauſſe dans l'autre, eſt au moins captieuſe, & favorable aux partiſans de Janſenius. La circonſtance des tems & des erreurs
qui affligent l'Egliſe, la nature de l'ouvrage, la ſituation de ſon Auteur,
tout ſembloit exiger que dans une matiere auſſi delicate on s'expliquaſt
clairement & ſans ambiguité; & tout détermine au mauvais ſens, quand
le vrai ſens n'eſt pas mis en évidence.

Pour en eſtre convaincu, il n'y a qu'à lire les Ecrits qui depuis prés de
ſoixante ans, qu'on a commencé à demander la ſignature du Formulaire, ont eſté répandus dans le public. Il y en a de l'Auteur même des
Réflexions Morales, où il s'explique clairement. Ils enſeignent qu'une
Cauſa Queſnel-
liana, p. 140. excommunication injuſte ne doit jamais empêcher de faire ſon devoir;
mais ils décident en même tems, que le refus de la ſignature du Formulaire eſt un vrai devoir; & que l'excommunication attachée au refus de
cette ſignature, eſt une excommunication injuſte.

Reconnoiſſez, mes chers Freres, les juſtes raiſons qui ont porté le
ſouverain Pontife à condamner cette Propofition: reconnoiſſez auſſi
l'artifice avec lequel on a publié que l'eſprit de la Conſtitution étoit,
qu'on déféraſt à toutes ſortes d'excommunications, ſans excepter même
celles qui ſeroient lancées pour nous faire agir contre des devoirs eſſen-
tiels & invariables, afin d'allarmer par cette ſuppoſition les fideles de
tous les états, & les Magiſtrats en particulier.

Pourquoi dans un livre de pratique, & deſtiné à l'inſtruction des fideles, même des plus foibles & des plus ignorans, pourquoi donner pour
maxime, ſans aucune précaution, que *la crainte d'une excommunication
injuſte ne doit jamais nous empêcher de faire notre devoir*? Une telle
propofition ne ſçauroit manquer d'eſtre un piege à des lecteurs peu
éclairés, ſi elle n'eſt accompagnée de correctifs, qui les empêchent de
tomber dans l'erreur; & ſi on ne prend ſoin de démêler ce que cette maxime peut avoir de vrai, d'avec ce qu'elle contient de faux.

Il auroit donc fallu, ſi l'on vouloit parler de l'excommunication injuſte,

distinguër les differentes sortes d'excommunications injustes, & les differentes especes de devoirs.: il auroit fallu observer, que celles qui sont
à jure, c'est à dire, qui sont fondées sur les anciens Canons, & sur les
décisions reçuës generalement dans l'Eglise, ne sont jamais injustes ;
quoique celles qui sont *ab homine*, c'est à dire, qui partent de quelque
puissance ecclesiastique, puissent estre injustes quelquefois. Il auroit fallu
enseigner que chaque particulier n'est pas juge de la justice ou de l'injustice de l'excommunication portée contre lui ; que dans le doute la pré-
somption est toûjours pour les superieurs, & que les inferieurs doivent
obéir jusqu'à ce que le doute soit levé par un jugement juridique. Il
auroit fallu distinguer les devoirs de la loi naturelle & divine, qui sont
immuables, tels que sont le culte de Dieu, la fidelité qu'on doit à son
Prince & à sa patrie ; & les devoirs qui changent quelquefois, & dont
on doit s'abstenir dans de certaines circonstances, tels que sont les exercices exterieurs de la Religion, dans le cas des excommunications, aus-
quelles on doit déférer. Aprés avoir distingué ces differens devoirs, il
auroit encore esté necessaire d'expliquer, que dans le doute un particulier ne doit pas s'en rapporter à lui-même pour décider, si ce qu'il croit
devoir, est veritablement devoir.

C'étoit-là, mes chers Freres, les regles que l'on devoit suivre, si on
avoit eu pour objet d'instruire les fideles des veritables maximes sur
l'excommunication ; mais on n'a cherché qu'à rassûrer contre les foudres de l'Eglise, ceux qui par la crainte des Censures, pourroient estre
engagés à se soumettre aux Constitutions des Souverains Pontifes
Innocent X. & Alexandre VII. & à signer le Formulaire.

Nous sommes bien persuadés, mes chers Freres, que vous ne pourrez
lire sans indignation, vous qui estes pleins de respect & d'amour pour
l'Eglise, le portrait affreux que l'on fait dans les dernieres Propositions, Propos. con-
de l'état present, où l'on voudroit vous faire croire que se trouve cette dam. xciv xcv.
xcvi. xcvii.
sainte Epouse de Jesus-Christ. Vous verrez l'Auteur des Reflexions xcviii. xcix. c.
morales s'ériger en juge souverain, & condamner toutes les Puissances.
Il dit que les Pasteurs *dominent sur la foi des fideles, & qu'ils y entretien-*
nent des divisions pour des choses qui ne blessent ni la foi, ni les mœurs :
que les verités sont devenuës comme une langue étrangere à la plûpart
des Chrêtiens ; & la maniere de les prêcher, comme un langage inconnu,
éloigné de la simplicité des Apôtres, au dessus de la portée du commun des
fideles, & qu'on ne fait pas reflexion que ce déchet est une des marques
les plus sensibles de la vieillesse de l'Eglise, & de la colere de Dieu sur
ses enfans.

Qu'entend-il par *la vieillesse de l'Eglise* ? Saint Paul dans le passage auquel la reflexion est appliquée, rappelle une prophetie d'Isaïe, qui annonçoit la fin de la Synagogue. Nous annonce-t'on la fin de l'Eglise? si elle est dans sa vieillesse, elle est prête à perir, suivant ce que nous lisons dans l'Epitre aux Hebreux sur le sacerdoce de l'ancienne loi : *quod autem antiquatur & senescit, prope interitum est.* L'Eglise cependant ne doit jamais finir ; elle est le regne de Dieu, qui est eternel ; si elle est étrangere sur la terre, sa veritable patrie est dans le Ciel ; & loin d'y trouver sa fin, elle y doit regner dans les siecles des siecles.

Ce n'est pas assés pour l'Auteur des Reflexions morales, d'avoir insinué que les Pasteurs de l'Eglise dominent *sur la foi des fideles,* & que les Predicateurs parlent *un langage inconnu :* Il dit encore expressément, que *toutes les Puissances sont contraires aux predicateurs de la verité* ; que *les membres les plus saints & les plus étroitement unis à l'Eglise, sont regardés comme indignes d'y estre ;* que *nous sommes dans un tems déplorable, où l'on croit honorer Dieu en persecutant la verité & ses disciples ;* qu'on *est aveuglé par sa propre passion, ou emporté par celle des autres ;* & qu'on *change en odeur de mort ce que Dieu a mis dans son Eglise pour y estre une odeur de vie.*

Il n'est pas plus fidèle à la verité, ni plus soumis à l'autorité des Pasteurs, quand il declare, que *rien n'est plus contraire à l'esprit de Dieu, & à la doctrine de* JESUS-CHRIST, *que de rendre les sermens communs dans l'Eglise.* Ce ne sont pas sans doute ceux que la necessité & l'utilité ont introduit dans les tribunaux ecclesiastiques & seculiers, & dans le commerce des hommes, pour assûrer la bonne foi par le respect dû à la majesté de Dieu, que l'Auteur voudroit abolir. Ses principes favorables aux Jansenistes, ne marquent que trop, que c'est le serment que font ceux qui signent le Formulaire, dont il se plaint ; mais ce sont les Papes, qui l'ont établi ; ce sont les Evêques, qui l'ont reçû ; ce sont les besoins de l'Eglise, & la necessité de discerner les personnes infectées des erreurs de Jansenius, de celles qui ne le sont pas, qui ont obligé d'exiger ce serment. Cet exemple est fondé sur l'ancien usage des Conciles. Malgré des autorités si respectables, c'est assés que ce serment serve à faire connoître les disciples de Jansenius, & à s'opposer aux progrés de leurs erreurs, pour que cet Auteur s'en plaigne ; qu'il le regarde comme une occasion de parjure, comme un piege dressé aux foibles & aux ignorans, comme un moyen de faire quelquefois servir le nom & l'autorité de Dieu aux desseins des méchans, & enfin comme contraire à l'esprit de Dieu, & à la doctrine de JESUS-CHRIST.

Vous sentez, mes chers Freres, de quelle consequence sont ces maximes, d'autant plus pernicieuses, que cachées, comme nous l'avons

, à ſombre de la foi divine , elles peuvent ſeduire plus
dace ne s'eſt pas bornée à chercher à l'erreur un azile auſſi
: encore alterer le texte ſacré du nouveau Teſtament ; on
a verſion de Mons, qui a eſté cenſurée depuis longtems ;
é en diverſes façons de la verſion vulgate, qui eſt en uſage
epuis tant de ſiecles, & qui doit eſtre regardée comme
: toutes les perſonnes orthodoxes ; & l'on a porté la mau-
'au point de détourner le ſens naturel du texte, pour y
ens étranger, & ſouvent dangereux. C'eſt ce que le Pape
& c'eſt ce que nous avons reconnu en beaucoup d'en-
: certaine de ce que diſoit autrefois Tertullien, que *ceux*
le changer la doctrine de la foi, ſe trouvent dans la neceſ-
's ſources où l'on puiſe la verité. (*a*)
i nous ne nous ſommes point arrété à remarquer les
opoſitions V. XXVIII. XLIII. LXVIII. LXX. LXXI. & de
s, c'eſt que le venin en eſt ſi viſible, qu'on n'a pas cru
n ni de preuves ni d'éclairciſſement pour le faire apper-
au commun des fideles.
c juſte que le zéle du Pape, en donnant la Conſtitution,
éle du Roy, qui l'avoit demandée. Sa Sainteté toûjours
beſoins de l'Egliſe, n'a rien oublié pour mettre la foi en
es erreurs des Janſeniſtes. Ce Saint Pontife, fidele imita-
res , & rempli du même eſprit, qui a toûjours animé ſes
s'eſt donné tout entier & ſans relâche à la défenſe de la
onheur pour vous, mes chers Freres, de pouvoir eſperer
des Novateurs cederont enfin à l'union qui régne entre
cleſiaſtique & la puiſſance Royale ! (*b*) *C'eſt un effet de*
livine, diſoient les Peres du cinquiéme Concile d'Orléans,
ux des Princes s'accordent avec l'eſprit des Paſteurs de

es ne devons-nous pas rendre à Dieu, de voir que le Roy,
igieux, n'a pas ceſſé un moment, dans les tems les plus
onner tous ſes ſoins pour conſerver dans ſon Royaume la
i, & que genereux défenſeur de ſes Sujets; il fait ſa prin-
eſtre toûjours le protecteur de la verité? Diſons avec joie
de ce grand Prince, ce que les Peres du Concile de Cal-

'opoſitum fuit aliter do-   .lib. de præſcript. Hæreticor. cap. XXXVIII.
is coëgit aliter diſponen-   (*b*) Ad divinam gratiam referendum eſt,
trinæ... Illis non potuiſ-   cùm vota Principum concordant animis
uptela doctrinæ ſuæ ſine   Sacerdotum. CONCIL. AUREL. V. ann. 549.
ıentorum ſuorũ. TERTUL.   tom. x. Concil. Gallia.

CONCIL.
CHALCEDON.
act. VI. tom. IV
Concil. Labb.
pag. 608.

cédoine difoient de l'Empereur Marcien : *Sa foi fait la gloire de l'Eglife;
fa vie la fureté de fes fujets* ; & prions le Seigneur qu'il prolonge des
jours, qui deftinés pour le bonheur de la France, ne feront jamais affés
longs, fi Dieu écoute nos defirs & nos befoins.

Il ne nous refte, mes chers Freres, qu'à *demander* avec l'Apôtre au
Dieu des lumieres & au Pere des mifericordes, qu'il *vous* (a) *rempliffe
de la connoiffance de fa volonté, qu'il vous donne l'efprit de fageffe, l'efprit
d'intelligence, afin que vous conduifants d'une maniere digne de lui, vous
cherchiez à lui plaire en tout, que vous portiez les fruits de toutes fortes
de bonnes œuvres, & que vous avanciez dans la connoiffance de Dieu.*

Epift. ad Rom.
cap. XV. 13.

*Que le Dieu de l'efperance vous comble de paix & de joie dans votre
foi* : DEUS AUTEM SPEI REPLEAT VOS OMNI GAUDIO ET PACE IN CRE-
DENDO.

(a) Non ceffamus pro vobis orantes, &
poftulantes, ut impleamini agnitione voluntatis ejus, in omni fapientia & intellectu
fpirituali ; ut ambuletis digne Deo per
omnia placentes ; in omni opere bono fru-
ctificantes, & crefcentes in fcientia Dei.
Epift. ad Coloff. c. 1. 9. 10.

---

*Extrait du Procés verbal de l'Affemblée des Cardinaux, Archevêques
& Evêques, tenuë à Paris dans l'Archevêché, en l'année 1713. & 1714.*
Du Jeudi premier Fevrier 1714. à trois heures de relevée, à l'Archevêché.
Monfeigneur le Cardinal de Noailles Préfident.

MONSEIGNEUR le Cardinal de Noailles ayant fini fon difcours,
Meffeigneurs les Prelats au nombre de quarante, y compris
Meffeigneurs les Commiffaires, ont opiné féparément fuivant leur rang
& leur féance, & ont déclaré qu'on ne pouvoit rien ajoûter à la vérité,
à l'exactitude, & à la folidité de l'Inftruction Paftorale ; qu'ils y avoient
reçonnu, chacun en particulier, la Foi & la Tradition de leurs Eglifes,
& l'Union qui a toûjours efté fi recommandable aux Evêques de France,
avec la Chaire de Saint Pierre, & avec le Souverain Pontife, qui la
remplit aujourd'hui fi dignement ; qu'on y avoit prévenu les Fideles
contre les mauvaifes interpretations des perfonnes mal-intentionnées ;
& qu'on y avoit employé des moyens tres-utiles pour empêcher les
nouvelles difputes, & pour conferver la liberté des fentimens enfeignés
dans les differentes Ecoles Catholiques : partant l'Affemblée a accepté
l'Inftruction Paftorale ; & chacun de Meffeigneurs les quarante Prelats
a declaré qu'il la feroit publier dans fon Diocéfe.

ETTRE ÉCRITE
)TRE Sᵀ· PERE LE PAPE
LEMENT XI·
ÉS CARDINAUX, ARCHEVÊQUES
ÎQUES DU ROYAUME ASSEMBLEZ À PARIS,

:eption de la Conſtitution de ſa Sainteté , du 8. de
re 1713. portant condamnation de pluſieurs Propoſi-
:traites du Livre des Reflexions Morales ſur
: verſet du Noûveau Teſtament en françois,
ié à Paris en 1693, & 1699. &c·

SSIMO PATRI   A NOTRE-TRES-SAINT PERE

IENTI XI   LE PAPE

ICI MAXIMO.   CLEMENT XI·

ISSIME PATER   Tʀᴇs-sᴀɪɴᴛ ᴘᴇʀᴇ,

lim uni Antecefſo-
1 Pontifici excellen-
ebat unus ex Ante-
noſtris doctrinâ &
picuus , polliceri ſe
totius Galliæ devotio-
u fidei captare Sedis
ntentiam , idem nos

Ce qu'un de nos plus pieux &
plus ſçavans Evêques ècrivoit autrefois à l'un de vos plus illuſtres
Predeceſſeurs ; qu'il lui répondoit
de la ſoûmiſſion entiere de l'E-
gliſe de France à accepter les
décifions du Siège apoſtolique
ſur ce qui concerne la Foi, nous

Aᴠɪᴛᴜs Aʀ-
chevêque de
Vienne , Lettre
Lxxxᴠɪɪ au
Pape Hormif-
das. Et au tom·
l. des Concil·
de France ,
pag 120,

L

T'écrivons aujourd'hui à votre Sainteté, en lui renouvellant avec joie les mêmes protestations de respect & d'obeissance. La conjoncture presente des tems nous oblige à nous acquitter de ce devoir; & nous y sommes particulierement engagez par cette excellente & solemnelle Constitution, dressée avec tant de soin & de travail, que votre Sainteté vient de publier. Aussi tôt qu'elle eut été presentée au Roi; Sa Majesté suivant le mouvement de son zele toûjours vif & ardent pour la defense de la Foi Catholique, donna ses ordres pour faire assembler tous les Evêques, qui se trouvoient pour lors à Paris, & tous ceux qui pouroient s'y rendre dans la suite, afin que conferant ensemble, ils prissent avec plus d'attention les mesures necessaires pour accepter cette Constitution, avec tout le respect qui lui est dû; l'Assemblée s'est tenuë dans cette ville, sans aucun delai, ainsi que le demandoit l'importance de cette affaire, & elle a été composée d'un nombre tres-considerable de Prelats. Nous conformant aux exemples de nos predecesseurs, & remplis du même zele qu'ils ont témoigné pour le Siege apostolique, nous avons reçû avec la même deference & la même veneration, la derniere Bulle de votre Sainteté.

Nous ne serons pas moins fideles à l'obligation que nous impose notre ministere, de la faire recevoir dans le même esprit, & avec la même

ultrò hodiè Sanctitati vestræ pollicemur ac renovamus obsequium. Hoc nos officio defungi & præsens conditio temporum postulat, & inprimis edita à te nuper tanto studio ac labore solemnis ac præclara Constitutio adversùs librum Considerationum moralium in novum Testamentum, gallicè inscriptum, Reflexions morales, &c. Ea ubi primùm Regi oblata fuit, ut est ipsius in Catholicæ fidei defensionem semper intentus & erectus animus, Regiis litteris jussit, ut quotquot erant Parisiis Episcopi cum aliis, qui illuc deinceps essent accessuri, convenirent, ut collatis inter se consiliis, eâ, quâ par est reverentiâ de eâdem Constitutione acceptandâ sollicitiùs agerent: atque hæc Comitia illicò, prout rei gravitas postulabat, frequentiori Præsulum conventu, hac in urbe habita sunt. In iis, nos Majorum nostrorum exempla secuti, atque eodem quo illi in Apostolicam Sedem studio flagrantes, Sanctitatis vestræ postremam Constitutionem consimili obsequio ac veneratione amplexi sumus.

Neque verò deinceps officio nostro deerimus, ut ab omnibus, quos divina Providentia curæ nostræ commisit, pari animo ac fide excipiatur.

Istud autem ut certiùs asse-queremur , in iisdem nostris Comitiis decrevimus edere Pa-storalis documenti communem quandam formulam , hæc e-nim ratio & utilior & ex-peditior nobis visa est , ut non-modò evellantur & profligen-tur errores justâ censurâ non ita pridem notati ; sed ut etiam de iisdem propositionibus , quæ illos continent, disputan-di ac litigandi rixarum ac novitatum avidis animis om-nis tollatur occasio.

Erit igitur Pastoralis isthæc Institutio veluti præsidii ac mu-nimenti loco à nobis posita ad-versus alienas à vero sensu Pontificiæ Constitutionis inter-pretationes , quibus magnos & uberes , quos omnis Eccle-sia certò sperat , imò jam per-cipit ex Apostolico Decreto fructus , interturbare vel pes-sumdare iniqui homines irrito conatu moliuntur.

Nobis quoque cura ac stu-dium fuit , generalibus litte-ris adhortari reliquos hujus Regni Archiepiscopos atque Episcopos , ut Pastorale à no-bis editum documentum ve-lint adsciscere , illudque in suâ quisque Diœcesi jure suo promulgare. Omninò enim æquum , imò & necessarium videtur , ut qui eadem planè

sincerité par tous ceux que la Pro-vidence divine a confiez à nos soins.

Pour parvenir plus surement à cette fin , nous avons arrêté dans notre Assemblée , un modele uni-forme d'Instruction Pastorale, que nous devons publier en commun ; ce qui nous a paru le moien le plus propre & le plus efficace , non seu-lement pour détruire & pour déra-ciner les erreurs, qui viennent d'être notées d'une si juste Censure ; mais aussi pour ôter aux esprits remuants & avides de nouveautez toute occa-sion de dispute & de chicane sur les propositions qui contiennent ces erreurs.

Cette instruction Pastorale sera donc comme une espece de rempart & de digue opposée aux interpre-tations fausses & contraires au ve-ritable sens de la Constitution, par lesquelles les hommes pervers s'ef-forcent en vain de frustrer l'Eglise des grands & heureux fruits, qu'elle espere avec confiance, & qu'elle commence déja à recüeillir de ce Decret Apostolique.

Nous avons eû aussi le soin & l'attention d'exhorter par une Let-tre circulaire les autres Archevê-ques & Evêques de ce Roiaume, de vouloir adopter cette Instruction, & de la faire publier par leur au-torité , chacun dans leur Diocese : car il paroit juste & même neces-saire , que ceux, qui sont inviola-blement unis par les mêmes senti-mens & par le même attachement à la Foi de l'Eglise Romaine, s'expliquent de la même maniere, & tiennent ouvertement le même langage.

On peut dire avec verité, tres-saint Pere, que votre Sainteté a terrassé sans ressource, & avec éclat la doctrine des Novateurs de ce tems ; & qu'elle n'a pas moins apporté de soin à découvrir leurs erreurs, qu'ils avoient emploié d'adresse à les déguiser & à les répandre imperceptiblement. Abusant des oracles de l'Ecriture & des saints Peres, ils presentoient le poison dans un livre, où le Commun des fideles, qui le recevoit sans défiance, esperoit ne trouver que le pur aliment de la parole de Dieu.

Il ne nous reste plus, tres-saint Pere, que de rendre au Seigneur & à notre Dieu d'éternelles actions de graces, & à lui adresser des prieres pleines de reconnoissance, d'avoir donné au Siege Apostolique, à ce Siege, d'où nous avons reçû par la misericorde de Jesus-Christ, la Religion que nous professons, un Pontife d'une si sincere pieté, d'une foi si fervente, & d'une si profonde doctrine. Il ne reste plus enfin, qu'à lui demander que pour l'édification des Eglises & des Fideles, il prolonge les jours de CLEMENT XI. & qu'il conserve long-tems à

sentiunt, & in unam eandemque Ecclesiæ Romanæ fidem, indivulso inter se vinculo concordes cohærescunt, eadem ipsi palam & loquantur & dicant.

Certè, Beatissime Pater, doctrinam Novatorum hujus temporis, Sanctitas vestra apertissimè, robustissimèque profligavit, tantâ in eorum detegendis erroribus adhibitâ diligentiâ, quantam illi in occultandis, aut clanculum disseminandis astutiam impenderant : abusi iidem insuper divinarum Scripturarum sanctorumque Patrum sententiis, venenum ibi propinarunt, ubi Christianæ plebis simplicitas sperabat se sincero divini Verbi pabulo esse reficiendam.

Quid super est, Beatissime Pater, nisi ut Domino ac Deo nostro non desinamus gratias agere & pariter supplicare; gratulantes quod tantæ sanctitatis, tantæ fidei, tantæque doctrinæ Apostolicæ Sedi, unde Religionis nostræ, propitio Christo, fons & origo manavit, Antistitem CLEMENTEM dederit, petentes etiam ut datum, concessumque munus Pontificii vestri longissimâ ad ædificationem Ecclesiarum suarum ætate custodiat. Nos autem etsi impares meritis, pari tamen fide, parati sumus, confortante Domino, cum Beatitudine vestrâ pro veritate fidei animas nostras

Lettre Synodale des Evêques de France, à saint LEON Pape, tom. 1. des Concil. de France, pag. 24.

ponere. Ita nos de Fide Catholicâ, & de studio erga sanctam Sedem, cum Majoribus nostris sentire palàm ac publicè profitemur.

l'Eglise universelle le don, qu'il lui a fait d'un si digne Chef, Pour nous, tres-saint Pere, quoique notre merite devant Dieu soit inferieur au votre, remplis cependant de la même foi, qui vous anime, nous sommes prêts, moïennant le secours du Seigneur, à sacrifier nos vies avec votre Beatitude pour la défense de la verité. *Tels sont les sentimens que nous faisons gloire d'avoir, à l'imitation de nos Predecesseurs, sur la Foi Catholique & sur le respect du saint Siege.*

BEATISSIME PATER,
Sanctitatis vestræ,

TRESSAINT PERE,
DE VOTRE SAINTETE,

Devotissimi & obsequentissimi Filii, Cardinales, Achiepiscopi & Episcopi Galliæ, in Urbe Parisiensi congregati.

Les tres-devoüez & tres-obeïssans Fils, les Cardinaux Archevêques & Evêques de France, assemblez dans la Ville de Paris.

✠ ARMANDUS GASTO Cardi. de Rohan, Epis. & Princeps Argentinensis, Præses.

✠ ARMAND GASTON Cardinal de Rohan, Evêque & Prince de Strasbourg, President.

✠ LEO. PP. Arch. Bituricensis.

✠ LEON PP. Archevêque de Bourges.

✠ FRANCISCUS DE MAILLY. Arch. Rhemensis.

✠ FRANÇOIS DE MAILLY, Archevêque de Rheims

✠ ARMANDUS Arch. Burdigalensis,

✠ ARMAND, Archevêque de Bordeaux.

✠ CLAUDIUS MAURUS Arch. Rothomagensis.

✠ CLAUDE MAUR, Arch. de Roüen.

✠ CAROLUS Arch. Aquensis,

✠ CHARLES, Archevêque d'Aix.

✠ R. F. Arch. Tolosanus.

✠ RENE' F. Arch. de Toulouse.

✠ JACOBUS, nuper Epis. Rhegiensis, Arch. Auscensis electus.

✠ JACQUES, ci-devant Evêque de Riez, nommé Achevêque d'Auch.

CHARLES FRANÇOIS, Evêques de Coûtance.

HUMBERT, ancien Evêque de Tules.

F. B. DE SILLERY, Evêque de Soissons.

FRANÇOIS, Evêque de Vanes.

PIERRE DANIEL, Ancien Evêque d'Avranches.

HENRY, Evêque de Meaux.

FRANÇOIS, Evêque de Clermont.

HENRY, Evêque de Cahors.

MARTIN, Evêque de Viviers.

LOÜIS, Evêque, Duc de Laon.

FRANÇOIS, Evêque, Duc de Langres.

DAVID-NICOLAS, Evêque de Blois.

FRANÇOIS, Evêque de Vence.

D. FRANÇOIS, Evêque de Troye.

LOÜIS-GASTON, Ev. d'Orleans.

CHARLES, Evêque d'Auxerre.

FRANÇOIS, Evêque, Comte de Toul.

EDOÜARD, Evêque de Nevers.

MICHEL, Evêque d'Angers.

PIERRE, Evêque d'Amiens.

FRANÇOIS-GASPARD, Evêque d'Arethuse.

CAROLUS Episcopus Constantiensis.

HUMBERTUS, olim Episc. Tutelensis.

F. DE SILLERY Episc. Suessionensis.

FRANCISCUS Episc. Venetensis.

PETRUS-DANIEL Episc. olim Abrincensis.

HENRICUS Episc. Meldensis.

FRANCISCUS Episc. Claromontanus.

HENRICUS Episc. Cadurcensis.

MARTINUS Episcopus Vivariensis.

LUDOVICUS, Episc. Dux Laudunensis.

FRANCISCUS Episc. Dux Lingonensis.

DAVID-NICOLAUS Episc. Blesensis.

FRANCISCUS Episc. Venciensis.

D. FRANCISCUS Epis. Trecensis.

LUDOVICUS-GASTO, Episc. Aurelianensis.

CAROLUS Episcopus Altissiodorensis.

FRANCISCUS Episc. Comes Tullensis.

EDUARDUS Episc. Nivernensis.

MICHAEL Episc. Andegav.

PETRUS Episcopus Ambianensis.

FRANCISCUS-GASPART. Episc. Arethusanus.

✠ CAROLUS FRANCISCUS Episc. Comes Noviom.

✠ CH. FR. Evêque , Comte de Noyon,

✠ CAROLUS FRANCISCUS Episc. Carnotensis.

✠ CH. FRANÇ. Evêque de Chartres.

✠ DOMINICUS B. Episc. Sagiensis.

✠ DOMINIQUE B. Evêque de Sées.

✠ JOANNES Episc. Ebroïcensis.

✠ JEAN, Evêque d'Evreux.

✠ CAROLUS FRANCISCUS D'HALLENCOURT, Episc. Æduensis.

✠ CHARLES FRANÇOIS D'HALLENCOURT, Evêque d'Autun.

✠ HENRICUS AUGUSTINUS Episc. Xantonensis.

✠ HENRY-AUGUSTIN Evêque de Xaintes.

✠ CHRISTOPHOR. F. G. Episc. Rhedonensis.

✠ CHRISTOPHE. F. G. Evêque de Rennes.

✠ PETRUS Episc. Cenomanensis.

✠ PIERRE, Evêque du Mans.

✠ JOAN. FRAN. GABR. Episc. Aleciensis.

✠ JEAN-FRANÇOIS GABR. Evêque d'Alais.

✠ FRANCISCUS HONOR. ANT. Episcopus & Comes Bellovacensis.

✠ FRANÇOIS-HONORE' ANT. Evêque & Comte de Beauvais.

✠ JOANNES LUDO. Episc. S. Pontii Tomeriarum.

✠ JEAN-LOÜIS, Evêque de Saint Pons.

✠ NICOLAUS Episcopus Vaurensis.

✠ NICOLAS , Evêque de Lavaur.

✠ LUDOV. BALTAZAR Episcopus Rhegiensis.

✠ LOÜIS B. Evêque de Riez.

A. FRANCISC. GUILL. DU CAMBOUT, Agens generalis Cleri, Promotor.

A. FRANÇOIS-GUILL. DU CAMBOUT, Agent general du Clergé, Promoteur.

CAROLUS MAURITIUS DE BROGLIE, Agens generalis Cleri , à Secretis.

CHARLES MAURICE DE BROGLIE, Agent general du Clergé , Secretaire.

Parisiis, Nonis Februarii 1714.

A Paris, le Février 1714.

LETTRE ÉCRITE
A TOUS LES PRELATS
DU ROYAUME, PAR L'ASSEMBLEE
DES CARDINAUX,
ARCHEVÊQUES ET EVÊQUES,

Tenuë à Paris en 1713. & 1714.

POUR LA RECEPTION DE LA CONSTITUTION
DE NOTRE S. PERE LE PAPE,

CLEMENT XI.

Du 8. Septembre 1713.

Portant condamnation de cent-une Propositions, extraites du Livre intitulé, le Nouveau Testament en François, avec des Reflexions **Morales** sur chaque verset, à Paris 1693. & 1699. &c. *avec la prohibition du même Livre, &c.*

Les Cardinaux, Archevêques & Evêques assemblez en la Ville de Paris,

Aux Archevêques & Evêques du Roiaume, nos tres-honorés Freres.

SALUT EN NOTRE SEIGNEUR.

Monsieur,

o

Vous avez sçû quel a été le sujet de notre Assemblée commencée le 16. Octobre dernier par l'ordre du Roi, à l'occa-

sion

tion de la Bulle de notre saint Pere le Pape du 8. Septembre 1712. obtenuë à la priere de sa Majesté, qui a bien voulu nous la faire remettre, afin que nous déliberassions sur les moiens de l'accepter, avant l'expedition des Lettres patentes pour la faire publier dans son Roiaume.

Un des principaux articles de nos Déliberations, à été d'écrire à tous les Prelats absens, pour les informer de ce que nous avons fait, qui ne doit pas moins les interesser que nous-mêmes. Tout doit être commun entre les Evêques dans ce qui regarde l'Eglise, *où ils sont établis par le Saint Esprit pour la gouverner*, comme ne composans tous ensemble qu'un seul Episcopat. Il n'y aura peut-être jamais d'affaire, où cette union toûjours si desirable, le soit plus que dans celle-ci.

Actor. xx. 28.
S. Cyprian.

Il s'agit de la condamnation portée par cette Bulle contre le Livre des Reflexions morales sur le Nouveau Testament, & les cent-une Propositions, qui en ont été extraites. Personne n'ignore la nature de cet ouvrage. Il n'a été que trop connu & trop répandu.

Il n'en a paru aucun depuis long-tems, qui ait été tout à la fois & plus aplaudi & plus digne de censure, tant l'esprit de seduction y a sçû mêler avec artifice le bon grain avec le mauvais. Il est composé de telle sorte qu'on peut y être aisément surpris, quand on ne fait que le lire ; & qu'au contraire, on ne peut que le trouver tres-condamnable, dés qu'on se donne le soin de l'examiner.

On y trouve non seulement les heresies des Propositions tant de fois condamnées, mais encore toutes les autres erreurs du livre de Jansenius, qui avoient été auparavant proscrites dans Baïus par les souverains Pontifes.

Nous y avons vû encore avec douleur au milieu de tant de dogmes pernicieux le dernier excés, où se porte enfin toute heresie soûtenuë avec opiniâtreté, qui est de s'élever ouvertement contre l'Eglise. On ne se borne plus, comme on a fait si long-tems, à éluder ces décisions par tant de faux-fuïans & de vaines subtilités ; on attaque enfin directement son autorité, qu'on veut rendre inutile.

On entreprend de décrier sa conduite ; on méprise ses excommunications, qui sont ces armes *puissantes* & redoutables que JESUS-CHRIST lui a mise en main, *pour abbattre toute hauteur*, *qui s'éleve contre la science de Dieu, & pour punir les desobeïssans.*

II. Corinth. x.
4. 5.

M

On apprend dans ce livre à ſes enfans rebelles à ne les pas appreheder, & à perſiſter dans leur deſobeïſſance. On ne parle ſur cela, que de perſecution, d'injuſtice, d'entêtement, d'obſtination de la part des Paſtèurs; à ne vouloir ni rien examiner, ni reconnoître qu'on s'eſt trompé. C'eſt la verité qui eſt perſecutée dans la perſonne de ſes Predicateurs & de ſes Diſciples. On oſe donner ce nom à ceux, que l'Egliſe juge dignes de ſes cenſures, pour ne vouloir pas obeïr à ſes déciſions; & ce qu'elle a ſi juſtement ordonné contre eux pour la ſignature du formulaire, c'eſt ce qu'on appelle dominer ſur la foi des fideles, multiplier les occaſions des parjures, dreſſer des pieges aux foibles & aux ignorans, être contraire à l'eſprit de Dieu & à la doctrine de Jesus-Christ.

Vous aurez remarqué ſans doute, tous ces étranges excés, & vous aurez ſenti, comme nous, combien il importe au bien de la Religion que tout l'Epiſcopat ſe réïuniſſe contre un tel ouvrage. Il ne le ſçauroit faire avec plus de force que dans le centre de l'unité qui eſt la Chaire de Saint Pierre.

Vous ſçavez que cette union ſi ſainte & ſi reſpectable du Corps des Paſteurs avec leur Chef, a été regardée dans tous les tems comme le moïen le plus aſſûré de reprimer l'erreur, & d'en empêcher le progrés par une condamnation uniforme; ſoit que les Evêques l'aient prononcée par un premier jugement, comme nous en avons le droit par notre ſacré caractere, & qu'ils ſe ſoient enſuite adreſſez au ſaint Siege pour le confirmer & le fortifier de ſon autorité; ſoit que le Pape prononçant le premier, ait envoïé ſes Decrets aux Evêques, pour ſe joindre au ſaint Siege en les acceptant, & en les faiſant executer dans leurs Egliſes.

L'une & l'autre de ces deux manieres de ſe reünir, ſe trouvent également emploïées en differentes rencontres, ſelon la difference de la diſpoſition des eſprits, ou des circonſtances des tems. Nous marchons, en ſuivant cette derniere voie, ſur les traces de nos Predeceſſeurs, qui nous l'ont marquée dans ce qu'ils firent pour parvenir à la condamnation des cinq Propoſitions du livre de Janſenius. On ne la doit pas juger moins convenable dans le cas preſent pour la condamnation d'un livre encore plus dangereux, & où le Janſeniſme paroît reprendre de nouvelles forces.

Il ne falloit pas un moindre remede pour un auſſi grand mal, d'autant plus que les circonſtances, où l'on ſe trouvoit, ne permetoient pas de la pouvoir attendre d'ailleurs que de l'autorité du faint Siege. Plufieurs de nos Confreres, on ne l'ignore pas ; étoient dans cette attente depuis quelques années , & ils croioient jufques-là pouvoir s'abftenir de condamner ce mauvais livre ; contre lequel cependant ils prenoient foin de précautionner leur troupeau.

Il ne faut pas diffimuler auffi que les apparences de pieté & de religion , ainfi que le motif fpecieux de faciliter la meditation des verités faintes , étoient bien capables de diminuer l'attention fur le venin , qui y étoit caché. Aprés tout ce n'eft pas le feul ouvrage qui par de femblables raifons, ou par d'autres, ait été fouffert, non feulement plufieurs années , mais pendant des fiecles entiers, avant que d'avoir été folemnellement condamné.

Mais Dieu, qui ne ceffe de veiller fur fon Eglife, a ces tems marquez pour mettre à découvert le menfonge & reveler l'iniquité, aprés avoir permis pour un tems par des raifons que lui feul con- Luc x, x, &c noît, qu'elle demeurât cachée, & il a été donné à Pierre & à fes fucceffeurs de *fortifier fes freres* dans ces occafions importantes.

C'eft ce qu'a produit la Conftitution de notre faint Pere le Pape par la condamnation des cent-une Propofitions & du livre dont elles ont été extraites. Ce grand nombre de Propofitions prifes de tant d'endroits differents de cet ouvrage , depuis fon commencement jufques à fa fin , nous a donné lieu d'en mieux connoitre le venin & toutes les erreurs.

Le tems confiderable que nous y avons emploié , & celui de fix féances occupées toutes entieres par le raport qui nous en a été fait, ne doivent pas laiffer douter que les matieres n'y aient été approfondies, autant qu'elles le meritoient.

Nous ne pouvions avoir pour cela un meilleur guide que la Conftitution même ; avec elle nous nous fommes regardez dans notre Affemblée, comme fi nous euffions eu l'honneur d'avoir le fouverain Pontife à notre tête, & de prononcer un même jugement avec fa Sainteté.

Nous avons donc reconnu dans fa Conftitution avec une extrême joie la doctrine de l'Eglife , & nous l'avons acceptée avec foûmiffion & refpect. Nous avons condamné le livre des Reflexions morales fur le Nouveau Teftament, & les cent-une Propofitions qui en ont été extraites , de la maniere & avec les mêmes qualifications que fa Sainteté a emploiées dans fa Bulle. Il ne nous refte à prefent, qu'à en procurer une fincere execution dans nos Diocefes.

M 2

Nous avons eſtimé devoir faire pour cela une Inſtruction Paſtorale, qui pût faciliter aux fideles, auſquels nous ſommes redevables du dépôt de la Foi qui nous eſt confié, l'intelligence de la Bulle, & les premunir contre les mauvaiſes interpretations, par leſquelles des gens mal intentionnez, tâchent d'en obſcurcir le vrai ſens : Nous en avons déja vû les effets par le grand nombre de libelles qu'on n'a ceſſé de répandre depuis le commencement de l'Aſſemblée.

Cette Inſtruction uniforme dont nous devons tous nous ſervir, fera partie de notre Procez verbal; & elle y ſera pour nous un monument éternel de notre amour pour l'unité & pour la conſervation de la verité.

Nous l'annoncerons ainſi à nos peuples, chacun dans notre Dioceſe, en y publiant la Conſtitution, comme n'aiant tous qu'un même eſprit, qu'un *même cœur*, & *une même bouche*, & nous eſperons *que Dieu en ſera glorifié*.

Rom. xv. 6.

C'eſt dans ces ſentimens que nous avons crû devoir vous envoier un exemplaire de cette Inſtruction. Nous vous prions, Monſieur, ſuivant l'uſage que nous trouvons obſervé par nos Predeceſſeurs en de pareilles rencontres, de vouloir bien vous en ſervir dans le même eſprit, avec lequel nous vous l'envoïons; car nous ſçavons bien que nous n'avons point ſur cela d'obligation à vous impoſer. Nous ne pouvons que vous témoigner le deſir ardent, que nous aurions de nous trouver unis à vous. Nous ſommes,

MONSIEUR;

Vos tres humbles & tres-affectionnez ſerviteurs, les Cardinaux, Archevêques & Evêques aſſemblez à Paris. ARMAND GASTON, Cardinal de Rohan, Evêq. de Strasbourg, Preſident.

A Paris le 5. Février 1714.

Par *NOSSEIGNEURS de l'Aſſemblée.*

L'ABBE' DE BROGLIE, Agent general du Clergé, Secretaire de l'Aſſemblée.

LETTRES PATENTES
DU ROY,

SUR la Conſtitution de notre S. P. le Pape CLEMENT XI.
en forme de Bulle, portant condamnation d'un Livre
intitulé, *Le Nouveau Teſtament en françois, avec des Refle-*
xions Morales ſur chaque verſet, &c. à Paris 1699. & autrement, *Abregé de la Morale de l'Evangile, des Epitres de*
Saint Paul, des Epitres Canoniques, &c.

Données à Verſailles le quatorze Fevrier 1714. *& enregiſtrées*
en Parlement le quinze du même mois.

LOUIS par la grace de Dieu Roy de France & de Navarre:
A tous ceux qui ces preſentes Lettres verront, SALUT. Quelques précautions que Nous ayons priſes depuis notre avenement à la
Couronne, pour étouffer les diſputes qui pouvoient alterer la paix
de l'Egliſe, & la pureté de la Foi; les Sectateurs de la nouvelle doctrine de Janſenius ont trouvé les moyens de ſe ſoutenir, & même
de s'accroître malgré les Conſtitutions Apoſtoliques, acceptées des
Evêques de notre Royaume, malgré leur vigilance à arrêter le pro-
grès de ces nouvelles erreurs, & malgré nos Lettres Patentes regi-
ſtrées dans nos Cours de Parlement, par leſquelles Nous avons toûjours ſoutenu l'autorité Eccleſiaſtique. Nous avons appris par les
plaintes que pluſieurs Prelats nous ont portées, qu'un des plus pernicieux ouvrages, par rapport à cette mauvaiſe doctrine, a eſté compoſé
par un des principaux chefs du parti, ſous le titre de *Nouveau Teſta-*
ment en françois, avec des Reflexions Morales ſur chaque verſet, &c.
à Paris 1699. & autrement, *Abregé de la Morale de l'Evangile,*
des Epiſtres Canoniques, de l'Apocalypſe, ou, Penſées Chrêtiennes ſur
le texte de ces livres ſacrés, &c. à Paris 1693. & 1694. Nous

M

avons cru que pour prévenir les mauvais effets d'un livre si dangereux, Nous devions commencer par révoquer le privilege que nous
avions accordé pour en permettre l'impreſſion, & nous avons enſuite
demandé à notre Saint Pere le Pape de porter ſon jugement ſur la
doctrine contenuë dans ce livre : Sa Sainteté, aprés l'avoir longtems
examiné avec le zéle & l'application que meritoit une affaire de cette
importance, a donné une Conſtitution en forme de Bulle, le huit
Septembre dernier, portant condamnation du Livre, & de cent-une
Propoſitions qu'elle en a extraites. Le Sieur Bentivoglio, Archevêque
de Carthage, ſon Nonce auprés de Nous, ayant eu ordre de nous en
preſenter un exemplaire de ſa part, & de nous demander notre protection pour la faire publier & exécuter dans tout notre Royaume,
nous l'avons reçûë avec tout le reſpect que nous avons toûjours eu
pour le Saint Siege, & pour la perſonne de notre Saint Pere le Pape:
& afin que cette Bulle fuſt acceptée plus promptement par un nombre conſiderable de Prélats, Nous avons convoqué une Aſſemblée
extraordinaire compoſée des Cardinaux, Archevêques & Evêques,
que la neceſſité de veiller aux affaires particulieres de leurs Diocéſes
avoit attirés à notre ſuite ; & aprés une meure déliberation, les Prélats de cette Aſſemblée nous en ont preſenté le Procés verbal, par
lequel Nous avons eu la ſatisfaction de voir, que reconnoiſſant dans
la Conſtitution de notre Saint Pere le Pape la doctrine de l'Egliſe, ils
ſont reçûë avec la déference & le reſpect qui eſt dû au Chef viſible,
qu'il a plû à Dieu de lui donner ; & nous ont ſupplié en même tems,
qu'il nous pluſt faire expedier nos Lettres-Patentes pour la faire publier & exécuter dans notre Royaume. Et comme nous deſirons
concourir par notre autorité à détruire les erreurs contraires à la Foi,
& préjudiciables au repos de l'Egliſe, ainſi que Nous l'avons toûjours
fait, & que nous y ſommes obligés : A CES CAUSES, Nous avons
dit & declaré, diſons & declarons par ces Preſentes ſignées de notre
main, voulons & Nous plaiſt, que la Conſtitution de notre Saint Pere
le Pape en forme de Bulle, attachée ſous le contreſcel de notre Chan-
cellerie, acceptée par leſdits Archevêques & Evêques de notre Royaume, aſſemblés à Paris par notre ordre, ſoit reçûë & publiée dans
nos Etats, pour y eſtre exécutée, gardée & obſervée ſelon ſa forme
& teneur : Exhortons à cette fin, & neanmoins enjoignons à tous les
Archevêques & Evêques de notre Royaume, de la faire lire & publier dans toutes les Egliſes de leurs Diocéſes, enregiſtrer dans le

Greffe de leurs Officialités, & de donner tous les ordres necessaires pour la faire observer d'une maniere uniforme, suivant les résolutions qui ont esté prises à ce sujet dans ladite Assemblée. Voulons en outre & ordonnons, que ledit Livre condamné par ladite Bulle, ensemble tous les Ecrits qui ont esté faits, imprimés & publiés pour la défense, soit du Livre même, soit des Propositions condamnées par ladite Constitution, soient & demeurent supprimés. Défendons à toute sorte de personnes, à peine de punition exemplaire, de les débiter, imprimer, & même de les retenir. Enjoignons à ceux qui en ont, de les rapporter au Greffe de nos Justices dans le ressort desquelles ils demeurent ; & à tous nos Officiers & autres ausquels la Police appartient, de faire toutes les diligences & perquisitions necessaires pour l'execution de cette presente disposition. Défendons pareillement à toute sorte de personnes de composer, imprimer & débiter à l'avenir aucuns Ecrits, Lettres, ou autres Ouvrages, sous quelque titre & en quelque forme que ce puisse estre, pour soutenir ou favoriser ledit Livre, & renouveller lesdites Propositions condamnées, à peine d'estre procedé contr'eux comme perturbateurs du repos public. Et attendu que tout ce qui regarde les jugemens de l'Eglise en matiere de doctrine, est principalement reservé à la personne & au caractere des Evêques, & ne peut leur estre ôté par aucun privilege ; Nous voulons que le contenu en nos presentes Lettres soit executé, nonobstant toutes exemptions, privileges, droits de Jurisdictions Episcopales ou quasi-Episcopales, qui pourroient estre prétendus par aucuns Chapitres, Abbaïes, Communautés Seculieres ou Regulieres, ou par aucuns particuliers de quelque qualité ou condition qu'ils soient, ausquels Nous avons défendu & défendons d'exercer aucunes fonctions ni actes de Jurisdiction en cette matiere, en vertu desdits privileges. SI DONNONS EN MANDEMENT à nos amés & feaux Conseillers les Gens tenans notre Cour de Parlement de Paris, que, s'il leur appert que dans ladite Constitution en forme de Bulle, il n'y ait rien de contraire aux saints Decrets & prééminences de notre Couronne, & aux libertés de l'Eglise Gallicane, ils ayent à faire lire, publier, & enregistrer nos presentes Lettres, ensemble ladite Constitution, & le contenu en icelles garder & observer par tous nos Sujets dans l'étenduë du ressort de notredite Cour, en ce qui dépend de l'autorité que nous lui donnons. Enjoignons en outre à notredite Cour, & à tous Officiers, chacun en droit soi, de donner ausdits

M ii

Archevêques & Evêques, & à leurs Officiaux, les secours, aide du bras seculier, lorsqu'ils en seront requis, dans le cas de droit, pour l'execution de ladite Constitution : CAR TEL EST NOTRE PLAISIR; en témoin de quoi Nous avons fait mettre notre scel à cesdites Presentes. DONNE'ES à Versailles le quatorziéme Fevrier, l'an de grace mil sept cens quatorze, & de notre regne le soixante onziéme. Signé, LOUIS. *Et plus bas*, Par le Roy, PHELYPEAUX. Et scellées du grand Sceau de cire jaune.

Registrées, oüi & ce requerant le Procureur General du Roy, pour estre executées selon leur forme & teneur; & copies collationnées envoyées aux Bailliages & Senechaussées du ressort, pour y estre lües, publiées, & registrées. Enjoint aux Substituts du Procureur General du Roy d'y tenir la main, & d'en certifier la Cour dans un mois, suivant & aux modifications portées par l'Arrest de ce jour. A Paris en Parlement, le quinziéme jour de Fevrier mil sept cens quatorze.

Signé, DONGOIS.

LETTRE
DE MESSIEURS
LES AGENS GENERAUX
DU CLERGE
DE FRANCE,

A Meſſeigneurs les Prelats du Royaume,
en leur adreſſant le preſent Recueil.

Monseigneur,

Nous avons l'honneur de vous envoyer le Recüeil des Actes, que Noſſeigneurs les Cardinaux, Archevêques & Evêques nous ont ordonné de vous adreſſer. Nous travaillons actuellement à faire imprimer le Procés verbal de l'Aſſemblée ; & nous employons toute la diligence, dont nous ſommes capables, pour le faire paroître au plûtoſt ; mais comme il ne peut vous eſtre envoyé auſſi promptement que nous

le fouhaiterions, nous vous marquerons ici en abregé ce qui regarde
la tenuë de cette Affemblée.

Le Roy toûjours attentif à ce qui intereffe l'honneur & le bien
de la Religion, ayant reçû une Conftitution en forme de Bulle de
notre Saint Pere le Pape Clement XI. du huit Septembre 1713.
contre le Livre intitulé *Reflexions Morales*, &c. réfolut avant de la
faire publier, de l'adreffer aux Evêques, que les affaires de leurs
Diocéfes avoient attirés auprés de fa Perfonne, ou dans la Ville de
Paris, conformément à ce qui s'étoit pratiqué le plus fouvent pour
l'acceptation des Bulles des Souverains Pontifes. Nous exécutâmes
avec exactitude les ordres de Sa Majefté : le nombre confiderable des
Prelats, qui s'accrut encore dans la fuite, forma une Affemblée tres-
refpectable. L'ouverture s'en fit le feize du mois d'Octobre de l'année 1713, chez Monfeigneur le Cardinal de Noailles. Aprés que les
ceremonies accoutumées eurent efté obfervées, Monfeigneur le Cardinal de Noailles nomma fix Commiffaires, pour travailler aux
moyens qu'ils eftimeroient les plus convenables pour l'acceptation de
la Bulle. Monfeigneur le Cardinal de Rohan fut le Chef de cette
Commiffion, compofée de Meffeigneurs les Archevêques de Bordeaux & d'Auch, & de Meffeigneurs les Evêques de Soiffons, de
Meaux, & de Blois. Meffeigneurs les Commiffaires fe font affemblés
pendant trois mois, prefque tous les jours, chez Monfeigneur le Cardinal de Rohan, & quelquefois chez Monfeigneur le Cardinal de
Noailles, qui affifta tres-fouvent aux féances de la Commiffion :
nous ne fçaurions vous exprimer affés dignement quelle a efté l'étenduë & l'exactitude de leur travail. Les difcours qu'on ofoit tenir contre la Conftitution, les libelles répandus de tous côtés, la protection
que le livre des *Reflexions* trouvoit, fur tout dans quelques efprits
prévenus ; tous ces motifs engagérent Meffeigneurs les Commiffaires
à fe mettre en état de combattre ceux, qui connoiffant le Livre des
Reflexions, en foutenoient les erreurs avec opiniâtreté, & de pouvoir
expofer aux yeux de ceux qui l'approuvoient fans le connoître, le
venin dont ce livre étoit rempli.

Meffeigneurs les Commiffaires commencerent le Rapport le quinze
Janvier 1714. il dura fix féances entieres. Monfeigneur le Cardinal
de Rohan, qui avoit porté la parole au nom de Meffeigneurs les Commiffaires, prouva invinciblement qu'il n'y avoit aucune des Propofitions condamnées, qui ne meritaft quelqu'unes des qualifications por-

tées dans la Bulle, & qu'il n'y avoit aucune des qualifications, qui ne
puſt tomber juſtement ſur pluſieurs ou ſur quelques-unes des Propoſitions cenſurées.

L'Aſſemblée délibera enſuite pendant trois ſéances ſur l'acceptation de la Conſtitution : Noſſeigneurs les Prelats opinérent avec une
érudition, qui prouva aiſément que chacun avoit travaillé avec la
même attention, que s'il euſt eſté ſeul chargé de cette importante
affaire.

Le Mardi vingt-trois Janvier 1714. Monſeigneur le Cardinal de
Noailles pria Monſeigneur le Cardinal de Rohan & Meſſeigneurs
les Commiſſaires de faire l'Inſtruction Paſtorale, qui devoit prévenir
les nouvelles diſputes, & prémunir contre les mauvaiſes interpretations des perſonnes mal-intentionnées. Monſeigneur le Cardinal de
Rohan, qui avoit prévû qu'il pourroit eſtre chargé de cet ouvrage,
en avoit préparé la matière; il y avoit employé toute ſa capacité, &
tous les talens qui le rendent ſi recommandable. Il le ſoumit à l'examen de Meſſeigneurs les Commiſſaires, & de tous Noſſeigneurs les
Prelats; il en remit un exemplaire à Monſeigneur le Cardinal de
Noailles, qui y fit ſes remarques, & qui furent exactement ſuivies.
Enfin, après avoir conſulté des Docteurs de differentes Ecoles, &
après pluſieurs ſages reflexions, l'Inſtruction Paſtorale fut lûë & approuvée; & Noſſeigneurs les Prelats declarerent qu'ils l'adoptoient,
& qu'ils s'en ſerviroient dans leurs Diocéſes, en y faiſant publier & recevoir la Conſtitution.

Il vous eſt aiſé, MONSEIGNEUR, de voir que jamais aucune
des Aſſemblées précédentes n'a reçû de Conſtitution avec plus de
reſpect pour le Saint Siege, plus de dignité pour l'Epiſcopat, plus de
travail, & plus d'attention pour l'importance de la matiere. Vous en
ſerez plus convaincu, quand vous aurez reçû le Procés verbal, qui en
contient tous les Actes. Nous vous ſupplions, MONSEIGNEUR,
de vouloir bien nous donner avis de l'acceptation que vous aurez faite
de la Conſtitution de notre Saint Pere le Pape. Votre réponſe, que
nous devons mettre aux Archives du Clergé, y ſervira de témoignage
authentique de votre parfaite union avec le Saint Siege. & avec l'Aſſemblée, qui la deſire ardemment.

Nous ſouhaitons avec le même empreſſement, qu'en cette importante occaſion vous ayez nos ſervices pour agreables. Le nombre des
pieces du Recueil, que nous vous adreſſons, vous fera aſſés connoî-

CPSIA information can be obtained
at www.ICGtesting.com
Printed in the USA
BVHW060929041218
534639BV00018BA/794/P